物流で世界史を読み解く

交易、移民問題から食文化の革新まで

玉木俊明

PHP文庫

○本表紙図柄＝ロゼッタ・ストーン（大英博物館蔵）
○本表紙デザイン＋紋章＝上田晃郷

文庫版　はじめに

人々は、どういうときに豊かさを感じるのだろうか。

株を多数保有していること、資産を多くもっていること、また、商品を所有することなど、豊かさの基準は一つではない。ある人は、より美味しいものを食べることができたときに、自分は豊かだと感じる。私の学生のなかには、「美味しいものを食べているときが一番幸せ」という人が少なくない。それが普通ではないだろうか。

食べ物は、世界各地にある。世界の気候区は大きく分けるなら、熱帯、乾燥帯、温帯、亜寒帯、寒帯となる。いくつもの気候区があるために、世界の植生は豊かになる。ヒトは、さまざまな気候区で生産される多種の動植物を交換することで、豊かになっていった。したがって貿易は、生活水準を上昇させる重要な手段であり、物流の量が増えれば増えるほど、人類は豊かになるということになる。本書は、人々が豊かになる過程を書いた書物だといえよう。

そもそも人類とは、最初から「移動する人々」であった。人類は、今から七万〜

五万年前に生まれ故郷であるアフリカから脱出し、数万年かけて、世界中に棲み着くことになった。そして約一万年前から人類は定住するようになり、農耕・牧畜生活を営むようになった。

英語で'domestication'という言葉がある。これには、「栽培化」と「家畜化」という意味がある。本書で大きな関係があるのは、このうち「栽培化」である。人々はそれぞれの地域の気候に応じ、野生種を栽培種としていった。米や麦がその代表的なものである。よくいわれる四大文明では、麦を中心として栽培し、人々の生活水準が上昇していった。

穀物の生産量を増大させることで人は豊かになっていったというのは、おそらく一般的な見方であろうが、生活水準の上昇について述べるとすれば、それだけでは不十分である。なぜなら、そもそも文明は自分たちの地域だけですべての必需品を入手できることは稀《まれ》であり、どこかから不足する必需品を輸入しなければならなかったからである。人類の歴史は、不足するものを他地域から輸入する歴史であり、そもそも最初から物流と大きく関係していたのである。

物流量が増加することこそ、人々が豊かになることであった。本書は、そのような考え方をもとにして、グローバルヒストリーを描いた書物である。英米系のグローバルヒストリーでは物流が議論の中心になることはあまりなく、その点で、新しいタイプのグローバルヒストリーを提示したつもりである。

詳しくは各章の叙述に譲るほかないが、物流量の増加によって、世界がどのようにつながり、どのように豊かになったのかを書いていったのが本書の特徴である。

さらにまた、セファルディムやアルメニア人のように、国境なき民が世界の貿易で大きな役割を演じてきたことを示しているのが、本書の特色である。

近代歴史学は、十九世紀のヨーロッパで生まれた。この時代のヨーロッパは、帝国主義時代にあたり、諸国家間の競争が激しく、そのため国民国家が誕生した。「国家」が歴史学の分析の単位として当然の前提となった。研究の中心は政治史であった。それが、現在では大きく変わっているのだ。

歴史学の分析単位として、国家でなければ何があるのだろう。もっと小さな地域や国家を超えた大きな地域、芸術、文化、文明、疫病、思想など、さまざまなものが考えられるのは当然である。私は、その一つとして本書で「物流」を提示した。物流が盛んになるということは貿易が発展するということであり、人々の交流が活発になることを意味する。言い換えるなら、グローバリゼーションそのものである。さらにまた、多数の商品を入手することができるようになるという点で、生活水準が上昇する歴史でもある。

当然、国家政策にも関係する。そもそも物流システムを整備するのは、国家の仕事の一つでもある。そうすることで、国民はどんどん豊かになる。ヨーロッパはむろん軍事力で他地域を圧倒していったわけだが、国家なき民と協力したからこそ、商業圏を拡大できたことも間違いのない事実である。

それに対し中国は、物流をおろそかにして税の納入のために使用される銀を他国から輸入し、そのために衰退していったと本書は主張する。このような分析の観点からおわかりいただけるように、本書は、モノの流れを中心とした経済史を扱っており、生産を中心とする経済史とは大きく違っている。

すなわち、モノはつくっても、販売しなければ儲からず、物流を押さえないかぎり商品は売れないという視点である。また、人々が豊かになるのは、物流網が発展し、さまざまな地域から多様な商品が入手できるからだという視点である。

繰り返しになるが、世の中が豊かになるのは、たくさんのモノを消費することができるからである。少なくとも、一般の人はそうである。現在では、アマゾンに代表される、ITを使った物流企業が増加している。そのため、われわれは商品を簡単に購入することができる。それは、物流量と人々の生活の豊かさが増加していることを意味する。

大昔はなかなか入手できなかった遠隔地の商品を、われわれは簡単に入手することができる。私は読者に、本書をその過程を扱った書物として読んでいただきたいと願っている。

はじめに

もはや手垢《てあか》がついた感もあるが、「グローバリゼーション」という単語は、現代社会を語るために、欠かせないものになっている。

たとえば、アマゾンで欲しいものを購入するとしよう。クリックひとつで、世界中の商品が購入できる。アマゾンは、世界の一体化を如実《にょじつ》に示す事例である。世界のあらゆる地域からさまざまな商品が自宅に届く。考えてみれば、これは驚異的なことなのである。

われわれは、インターネットの発展が、グローバリゼーションの大きな要因であると考える。それはまちがいなく正しい。だがそれと同時に、物流がどのように発展していったのかという側面に目を向けなければ、グローバリゼーションの重要な一面を見落とすことになってしまう。

世界中の商品が自宅に届くということは、国際的な物流システムの発展があるということである。それにより、われわれの生活は非常に便利になった。だが、そのような物流システムの発展は、なにも現代社会にとどまるものではなく、はるかに以前からあったはずなのである。本書の出発点は、このような考え方にある。

どのような社会においても、完全に自給自足して生活をするということはありえない。人々は、商品を交換しなければ生きていけない。おそらく最初は、その範囲はかなり狭かった。しかし、その範囲が徐々に広がり、世界の物流が一体化していった。したがって、グローバリゼーションの研究とは、物流システムの発展の研究そのものだということもできよう。

世界には、さまざまな気候区があり、天然資源の分布は決して一様ではない。人々は、それらを交換することによって豊かになっていった。したがってグローバリゼーションとは、単に現在にとどまらず、じつは太古から続いてきたことだと考えるべきなのだ。このような観点からとらえるなら、グローバリゼーションの歴史とは、物流の発展の歴史だと考えられるのである。

けれども物流の歴史の研究は、あまり進んでいない。人々はどのようにして商品を入手したのかということはあまりわかっていないのである。

これまでの歴史研究は、いわば生産に主眼をおいた研究であり、具体的な商品の入手経路の研究は、それと比較するとあまり進展してはいない。しかし、ある重要な商品が開発されたとしても、それが消費者の手に届かないことには、人々の生活は豊かにはならないのである。

私は本書で、物流から歴史を見ていくことで、読者にこれまでとは違った歴史像を提示することを試みる。たとえば、私はイギリスの覇権（パクス・ブリタニカ）の最大の要因は、産業革命ではなく、一六五一年にクロムウェルの手によってオランダ船を排除する航海法が定められるなど、イギリスが物流を重視したことであると考えている。

本書は全部で十七のテーマからなり、時代順に並べられている。私の専門の関係からヨーロッパ史に多くの紙幅が割かれてはいるが、近世以降のヨーロッパの対外進出は必然的に他地域への進出を意味するので、世界全体の物流に言及できたと考えている。

本書で重視したのは、国際貿易に従事する人々と、国家の役割である。たとえばフェニキア人、ハンザ商人、ポルトガル人、イベリア半島系ユダヤ人のセファルディム、中東の商業で活躍したアルメニア人の広域におよぶ商業ネットワークなどの考察に大きなスペースを割いている。

またそれとともに、中国の秦から漢にかけての商業政策、英蘭の東インド会社、アメリカ合衆国の中立政策など、国家の役割も重視している。

ここで述べられていることのいくつかは、おそらく多くの読者にとってはあまり馴染《なじ》みのないものだと思われる。しかし世界の歴史学界で現在研究が大きく進展している分野の成果を活用しており、本書が読者への知的刺激になればと期待している。

本書は概説を意図したものではなく、それぞれの章で、あるテーマに絞って書かれている。しかしながら年代順に並べられているので、概説としても読むことができる。読者は、本書から、世界の物流の歴史に関する知識をえることができよう。

本書を読んでいただくことで、現在の世界がどのように形成されたのかを、物流面から理解していただきたいと願っている。本書が、これまでの主流であった国家形成、国家間の競争、生産の歴史とは、かなり違う歴史像を提示していることを信じたい。

物流の歴史こそ、世界の一体化＝グローバリゼーションの歴史なのである。

本書の企画は、ＰＨＰ研究所の西村健さんによって提案された。西村さんの提案を受けて、私が原案をつくり、さらに西村さんからアドバイスをもらうという形で、本書は進行していった。したがって、本書の作成には、西村さんのご助言が不可欠であった。この場を借りて感謝したい。

その西村さんを紹介してくださったのは、京都産業大学世界問題研究所所長（当時）の東郷和彦先生であった。

東郷先生は、私が主宰する研究会に何度も出ていただき、そのたびに貴重なコメントをしてくださるばかりか、京都産業大学の国際化に対して、じつに熱心に取り組まれている。日常の活動での支援も含め、厚く御礼申し上げる。

本書の参考文献は多いが、その多くが洋書ということもあり、参考文献一覧は割愛させていただいた（物流の世界史に関する最新の研究としては、谷澤毅『世界流通史』昭和堂、二〇一七年がある）。

二〇一七年十二月　シンガポールにて

玉木俊明

物流で世界史を読み解く◎目次

第五章 なぜ中国は朝貢貿易により衰退したのか

第六章 地中海はなぜ衰退し、バルト海・北海沿岸諸国が台頭したのか

第十一章 国家なき民は世界史をどう変えたのか1——アルメニア人

第十二章　国家なき民は世界史をどう変えたのか2
――セファルディム

第十三章　イギリスの「茶の文化」はいかにしてつくられたのか

第十四章 なぜイギリスで世界最初の工業化（産業革命）が生じたのか

第十五章 アメリカの「海上のフロンティア」とは

第十六章　十九世紀、なぜ西欧とアジアの経済力に大差がついたのか

第十七章　近代の歴史と物流

第一章 フェニキア人はなぜ地中海貿易で繁栄したのか

フェニキア人とは

世界史の教科書では、「フェニキア人」はエーゲ文明に属するクレタ文明（前二〇〇〇～前一四〇〇年頃）とミケーネ文明（前一六〇〇～前一二〇〇年頃）が後退したあとに地中海貿易で栄えた民《たみ》とされる。

だが、この民族のことは、じつはあまりわかっていない。確実なことは、彼らが交易と海運業で大きく活躍していたことである。

フェニキア人は、おそらく貿易のためもあり、文字を発展させた。それがアルファベットへと発展した。貿易では、単に発話だけではなく、さまざまな民族と文字により意思を通じ合わせる必要があったからである。

フェニキア人は東地中海南岸を根拠地とし、地中海の貿易活動に進出した。フェニキア人はレバノン杉を船材とし、海運業に乗り出した。

地図1に描かれているように、フェニキア人の貿易路は、全地中海におよんだ。

地図1　フェニキア人の貿易路

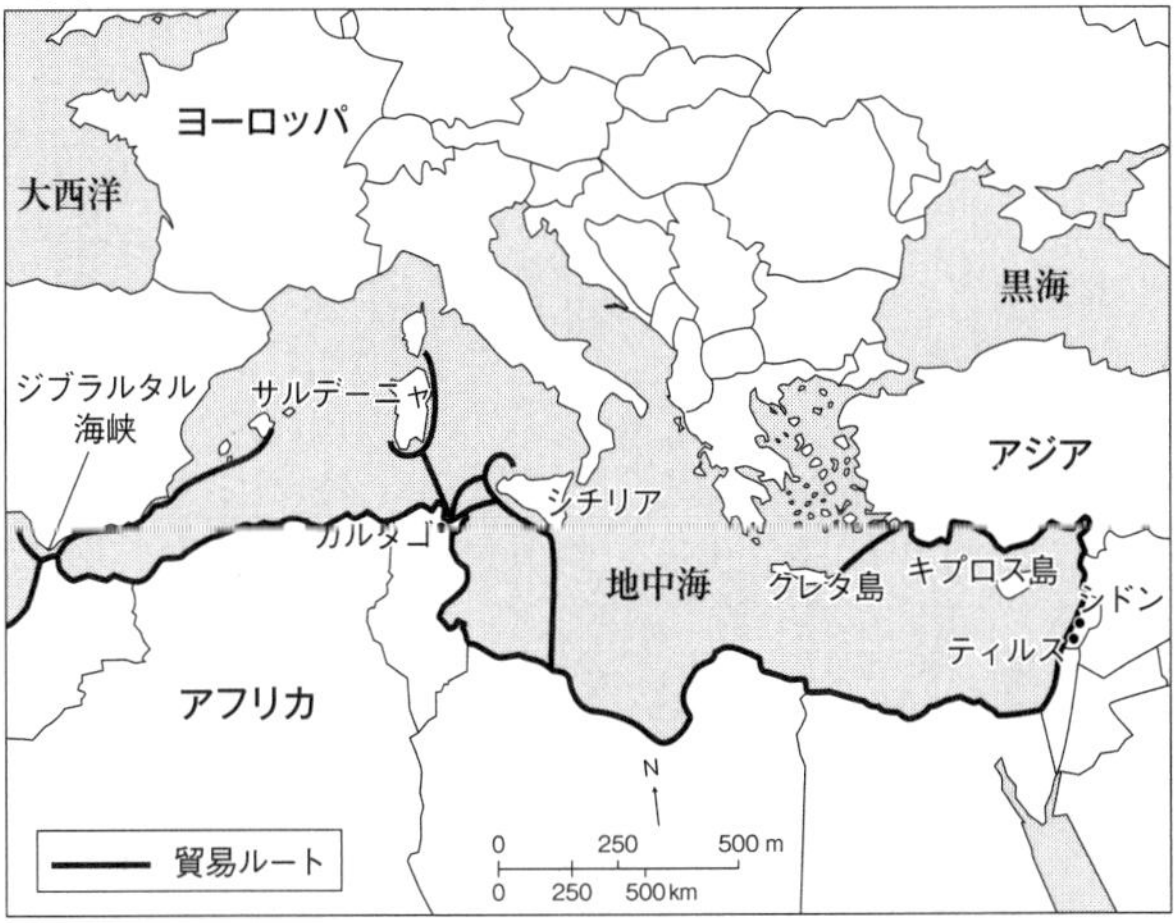

そればかりか、全盛期には、西アフリカ、さらには紅海をへてインド洋にまで達した。また、紅海からアフリカ東部をへて喜望峰をまわり、アフリカ一周をしたという説さえある。さらに最近の研究では、東南アジアと交易をした可能性さえ示唆されている。

古代ローマと比較しても、その交易ネットワークは広かったのである。

このように、フェニキア人は、非常にさまざまな地域で取引をするようになった。フェニキア人ほど広大な取引網をもつ民族はこの当時のヨーロッパには見当たらず、地中海の威信財（個人の権威や権力を表す商品）の輸送は、フェニキア人が担っていた。

地中海の物流の支配が、フェニキア人台頭の大きな要因であった。前十二世紀から地中海の物流をほぼ独占するようになり、いくつもの植民市を建設した。そのために、地中海の物流は、緩やかに統一されていったのである。そしておそらくフェニキア人が開拓した航路は、以降も、ローマ人、ムスリム（イスラーム教徒）商人、イタリア商人、オランダ商人、イギリス商人らが使うことになった。

地中海商業は、フェニキア人からはじまったのである。フェニキア人は、現在のレバノンに当たるところに生えていたレバノン杉を海運資材として使用し、地中海の航海ルートを開拓した。そのあとに続く人々は、フェニキア人が開拓したルートを活用した。

フェニキア人は、世界史上軽んずることができない海洋民族である。その発展の礎《いしずえ》となったのは、レバノン杉を使用していたことであった。そしてアケメネス朝ペルシア帝国の保護を受けたことで、植民市カルタゴが地中海の物流の拠点として発展していった。その後の地中海世界の繁栄の基礎は、フェニキア人によって築かれたといっても過言ではない。ローマ人も、おそらく彼らのネットワークを利用した。

表1　ティルスに集まった商品

地名	品目	地名	品目
タルシシュ	銀・金・錫《すず》・鉛	ダマスクス	ぶどう酒・羊毛
ヤワン（イオニア）	奴隷・青銅商品	デダン	乗馬用の粗い布地
ベト・トガルマ	馬・軍馬・ラバ	アブル/ケダル	羊・山羊
ロドス島	象牙・黒檀《こくたん》	シェバ/ラマ	香料・宝石・黄金
イスラエル	小麦・きび・蜜・油・乳《にゅう》香《こう》（樹脂の一種）		

出典：栗田伸子・佐藤育子『通商国家カルタゴ』講談社学術文庫、2016年、63頁。

貿易の中心都市ティルス

フェニキア人が築いた都市国家としてもっとも著名なものに、シドン、ティルスがある。

表1は、ティルスが交易した主要な都市と、取引商品を記している。ティルスこそは、世界の多くの商品が集まった貿易都市であった。言い換えるなら、おそらく地中海最大の物流の中心地であった。

ティルスの貿易相手地域は、メソポタミア北部からアラビア半島、小アジア、さらにはエーゲ海から地中海西方へと広がっていた。このような貿易ネットワークは、紀元前八〇〇年には確立していたとされる。

前八世紀になると、ティルスは、地中海沿岸に植民市を建設した。しかし前八世紀の終

地図2　フェニキア人の植民市（●の箇所）

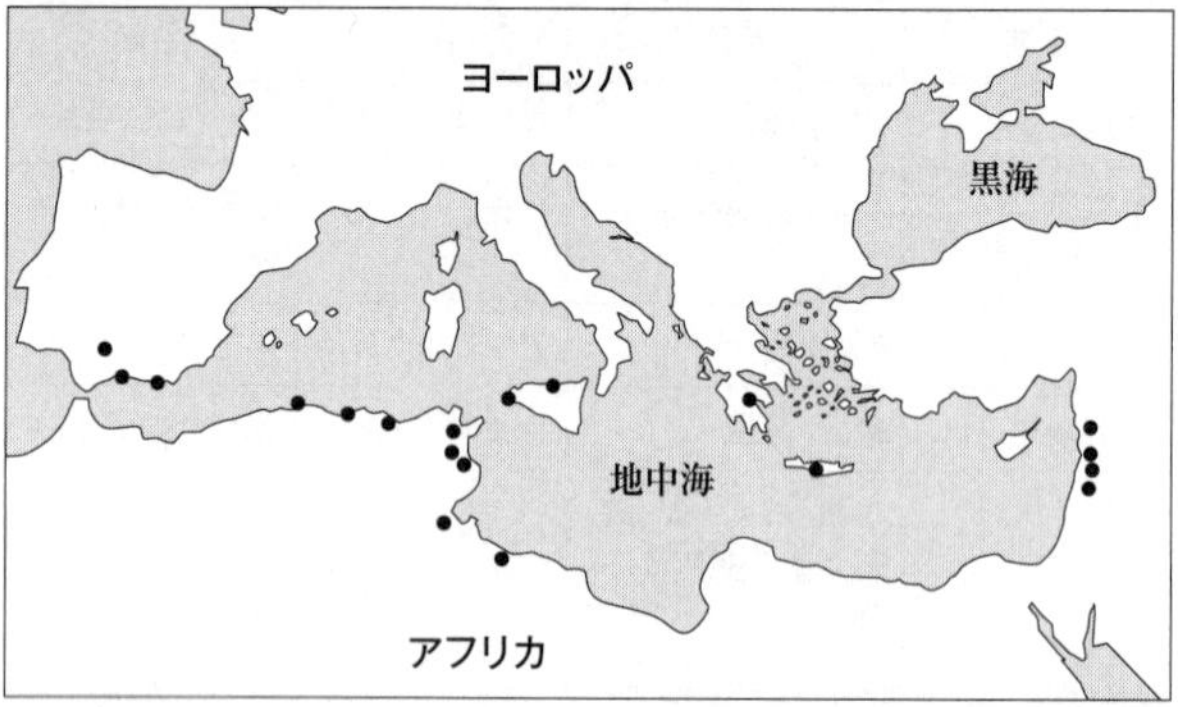

わり頃、アッシリアのサルゴン二世がイスラエル王国を滅ぼし、次いでセンナケリブ王がシリア、フェニキア、バビロンを次々と併合した。

もともと前十二世紀から前十一世紀にかけ、ティルスは北メソポタミアのアッシリアから圧迫を受けていたという過去があり、アッシリアはさらに進撃を続け、前九世紀になると、地中海遠征を常態化させていった。そしてティルスをはじめとするフェニキア人の諸都市は、このような状況において、地中海を西へ西へと向かい、植民市を建設したのである。

地中海のフェニキア人植民市については、地図2に描かれている。ここからフェニキア人植民市が西方に集中していることがわかる。

ティルスはアッシリアに征服されたが、その後復活し、地中海貿易で繁栄することになった。しかし前六世紀前半になると、新バビロニア王国（前六二五〜前五三九年）のネブカドネザル二世によって十三年にわたり包囲された。

それに対し、同国を滅ぼしたアケメネス朝ペルシア帝国がフェニキア人の交易活動を保護したので、ティルスはふたたび物流の拠点として繁栄した。多くの商品がこの都市を経由して、フェニキア人の船で行き来したのである。この時期にはティルスなどのフェニキア人はペルシアと結び、勢力を伸ばした。さらにフェニキア人は、ギリシア人と地中海での商業活動の覇権を競っていた。

ティルスの植民市のなかで、もっとも重要なものはカルタゴであった。カルタゴは、前八二〇年頃ないし前八一四年頃に建国されたといわれる。西地中海では、すでに前六世紀に、交易と物流の中心となっていた。

カルタゴの隆盛と滅亡

カルタゴが建設されたのは、現在のチュニジア共和国のチュニスに近い場所であった。他のフェニキア人の都市と同様、水深が比較的浅く、錨《いかり》を降ろすのが容易なため、船を港で停泊させるのが容易であった。

カルタゴは、地中海を東西から見た場合、そのほぼ中央に位置し、さらにシチリア島に近く、北アフリカからイタリアに至る地中海の南北路を押さえることができた。

カルタゴが母市のティルスに取って代わり、大きなネットワークを形成するようになったのは、アッシリアや新バビロニア王国が台頭し、そのためにティルスの商業活動が衰退したからである。

前四世紀には、シドン、ティルスがマケドニアのアレクサンドロス大王に征服された。そのとき、多数のフェニキア人がカルタゴに移住した。そのことにより、カルタゴは、商業国家として繁栄することになった。この頃、カルタゴの商船はジブラルタル海峡を越えてブリテン島まで進出し、錫《すず》などをえている。フェニキア人の物流は、北海にまで達したのである。

地中海の東側では、ペルシア戦争後にアテネが強大となり、「アテネ帝国」と呼ばれるようになった。

一方、西地中海においては、カルタゴの力が大きく伸びた。むろんそこには、それまでのフェニキア人植民市とは異なり、軍事的な性格をもった都市になったことが大きく影響していた。

カルタゴはシチリア島、サルデーニャ島、コルシカ島などを勢力下におさめた。そのため、ギリシア人の植民市であるマッサリア（現マルセイユ）などと対立するようになった。ただし、ギリシア人の勢力が衰退したため、大きな抗争には至らなかった。

カルタゴはさらに、イベリア半島にカルタヘナ、アルメリア、バレンシア、バルセロナなどを築いた。カルタゴはシチリア島では西半分を支配し、東側のギリシア人植民市シラクサとの対立が激化した。そのシラクサがローマに援軍を要請した。ローマはシチリア進出の好機と捉えてカルタゴと直接対決することとなった。

これが、ポエニ戦争（前二六四〜前一四六年）のはじまりとなった。

他の多くのフェニキア人の諸都市と異なり、強大な軍事力をもつようになったカルタゴが、ローマと対立しないわけはなかった。したがってカルタゴとローマのあいだで、ポエニ戦争が戦われたことには、何の不思議もない。これに勝利したローマが、西地中海の覇者となったのである。

正確には、ポエニ戦争は三度戦われた。第一次が前二六四〜前二四一年、第二次が前二一八〜前二〇一年、第三次が前一四九〜前一四六年である。いずれもローマが勝利を収め、最終的にカルタゴは滅んだ。第一次ポエニ戦争で、ローマは初めてイタリア半島外の領土のシチリアを獲得した。第一次ポエニ戦争と第二次ポエニ戦争とのあいだに、カルタゴの領土であったサルデーニャ島とコルシカ島をえた。さらに、第二次ポエニ戦争の勝利で、ヒスパニアを領土に加えた。そして第三次ポエ二戦争の結果、カルタゴ市は完全に破壊され、焼き尽くされ、多くの人が奴隷となった。

カルタゴに関する文献史料はほとんど失われた。今後考古学的遺跡の調査で、カルタゴ市の全貌とまではいかなくても、多くのことがわからないかと期待されている。いや、現在、新しい事実が急速に明らかになっている。

フェニキア人なくしてローマ人はなかった

ローマは、カルタゴを滅ぼし、地中海は、ローマの内海となった。しかし忘れてならないのは、ローマは、カルタゴの物流システムを受け継いだと推測されることである。

アフリカ北岸はローマ領になり、奴隷がイタリア半島に運ばれた。地中海では、多くのローマ船が航行した。彼らは、まず間違いなく、フェニキア人、ひいてはカルタゴ人が開拓したルートを使っていたのである。

古代ローマによって、地中海は政治的に統一された帝国になった。しかし、われわれは政治的な統一に目を向けるあまり、経済的な統一についてはあまり深く考えなくなっているのではないか。

フェニキア人なくして古代ローマはなかった。古代ローマは、カルタゴの物流システムがあったからこそ、機能したのである。物流面から見れば、カルタゴの後継者はローマであったとさえいえるのである。われわれは、カルタゴと古代ローマの地中海の物流システムの連続性に、もっと関心を払うべきであろう。

一般に、地中海世界はローマが築き上げたものだと考えられている。しかしそれは、ヨーロッパ人が、自分たちの過去を美化したかったためにつくった幻想だと私は思っている。

世界史教育では、ヨーロッパ古典古代はギリシア人とローマ人によって形成されたことになっているが、そこにフェニキア人も付け加えるべきである。

ローマ人は、アフリカの属州から穀物を輸入するようになり、イタリア半島では、オリーブなどの果樹を栽培するようになった。ローマの穀物輸入は、カルタゴ人の地中海の物流ネットワークを受け継いだからこそ可能になった。カルタゴがなければ、ローマは存在しなかったのだ。

仮に、フェニキア人が存在しなかったとしたらどうだろうか。ローマが一から物流ルートをつくりあげることになっただろうが、それはおそらく不可能だったであろう。そもそも、地中海に「航路」といえるようなものは存在しなかったからである。さらに、造船技術、航海技術を何もない状態から開発しなければならなかった。そのような状態ではローマは到底地中海を内海とすることはできず、イタリア半島に位置するちっぽけな国にとどまった可能性もあるのだ。フェニキア・カルタゴの物流ルートを利用できたために、ローマ世界は維持・拡大することが可能になったのである。フェニキア人は本当に偉大な海洋民族であった。

第二章 なぜ、東アジアはヨーロッパに先駆けて経済発展したのか

漢の武帝は、前一四一年に即位し、前八七年に死去した。中国史上、もっとも有名な皇帝の一人である。

山川出版社の『世界史用語集』(二〇一四年)には、以下のように書かれている。

前漢の最盛期を現出した、第7代皇帝(在位前141~前87)。はじめての年号「建元《けんげん》」を制定した。五四年におよぶ統治期間中、中央集権化を進め、内政では儒学を官学化し、土木事業を展開した。外征では、匈奴をうちベトナム・朝鮮に進出して郡をおいた。そうした事業のため財政難におちいると、塩・鉄の専売や均輸・平準などの経済政策を実施した。

たしかに、武帝は積極的な対外政策を繰り返した。匈奴《きょうど》と戦争をし、ベトナムや朝鮮にも遠征したため、国庫は急速に悪化していった。そのため、武帝はいくつ

もの財政政策を実行しなければならなかった。

このように武帝の改革は、財政改革ばかりが取り上げられる。だが、改革によって、物流が盛んになり、経済の成長を促したという面もあった。ここでは、それについて述べてみたい。

ただしその前に、春秋・戦国時代から秦の始皇帝をへて武帝までの経済政策について触れる必要がある。というのは、武帝の経済政策は、始皇帝の経済政策の延長線上にあると考えられるからである。

春秋・戦国時代の経済成長

中国の史書『史記』によると、中国最初の王朝は夏王朝であった。その後、前十六～前十一世紀の殷《いん》王朝、前十一世紀～前七七一年の（西）周王朝と続いたものの、前七七〇年に周が洛邑《らくゆう》に遷都したことをきっかけに、春秋・戦国時代となり、中国は五百年以上にわたる争乱の時代に突入したとされる。

戦国時代のうちに鉄製武器が普及した。また鉄製農具や牛耕の普及により、農業生産が拡大した。農業や手工業が活発になったため、青銅貨幣が導入された。このように、春秋・戦国時代に経済発展が見られたのである。

秦は、こういう状況において中国の統一に成功する。すでに、中国の経済は世界的に見てかなり水準が高く、それを秦が受け継いだということになるであろう。しかも、秦はさらにその経済を発展させようと考えたのである。

中国統一時の秦の王は政（在位　前二四七～前二一〇年）であった。政は法家思想にもとづき、中国を統一した。度量衡《どりょうこう》を統一し、文字、貨幣を統一した。そして中央集権的な郡県制を採用し、さらに、単なる王ではない「皇帝」という地位についた。

始皇帝は、中国の経済成長を基盤として国家を統一した。秦では戦国時代に半両銭という中国最初の通貨をつくった。青銅貨幣は、銅と錫でできている。世界的に銅の産地は多いが、錫の産地はかぎられている。青銅貨幣が製造されたということは、すでに交通が発展していた可能性が高いのである。

中国の物流は春秋・戦国時代に盛んになっていったものと思われる。

現代にまでおよんでいる始皇帝の影響

始皇帝の偉業の大きさについて具体例をあげよう。秦によって前二二一年に中国が統一されるまで、中国には多数の通貨があった。それが、秦によって半両銭に統一されたことで、広域での取引がずいぶんと容易になったのである。

もし通貨の種類が多いと、両替に手間がかかる。それればかりか、両替商に手数料を支払わなければならない。両替のたびに、カネが実質的に目減りすることになる。統一通貨である半両銭の登場により、そうしたことがなくなったのである。

始皇帝によって、中国という広大な領土が単一通貨圏となった。そのため、春秋・戦国時代にすでにはじまっていた経済成長が、さらに加速されることになった。

しかも、中国の文字は篆書《てんしょ》（小篆）に統一された。中国は現在も地域による発音の違いが大きな国であるが、文字は同じなので、簡単にコミュニケーションがとれる。そのもとをつくったのが、始皇帝なのである。

小篆は日本にも伝わり、われわれが使用する漢字の基盤となった。それにとどまらず、東アジア世界の共通の文字であったといっても過言ではない。小篆の導入により、東アジア世界、さらには東南アジアの一部を含めて、コミュニケーションは非常に容易になった。

さらに始皇帝は、郡県制という中央集権体制をつくった。春秋・戦国時代には、各地で諸侯が割拠していたので、中央政府からのコントロールが利く状況ではなかった。始皇帝は、それを中央政府が一括して管理するシステムに変えた。そのため、経済活動の障壁となるさまざまな無駄が省かれるようになったのである。要するに、始皇帝の政策により、商業活動に付随するさまざまな費用が大きく低下したのだ。

始皇帝はこのように、非常に効率的な経済システムを確立したのである。

中国の商品は、いわば単一市場で流通することになった。その市場は、国家の権力によってつくられたものであった。国家が市場に介入し、商品の流れ（物流）を促進したのである。

このシステムは、やがて武帝に受け継がれることになった。

結局、秦の統治政策を受け継いだ漢王朝

始皇帝があまりに急激に改革を進めたことが大きな理由となり、秦はわずか十五年しか続かず、前二〇六年に滅亡してしまう。そのあとに覇権を争ったのは項羽と劉邦であり、最終的に劉邦が勝利をえて、前二〇二年、漢王朝が成立した。

漢では、皇帝の力は、当初は秦と比べると非常に弱かった。しかし、皇帝は諸侯の権力を奪い取って、自分の権力を強めようとした。このような動きが重なり、諸侯が反発したのが、前一五四年に勃発した呉楚七国《ごそしちこく》の乱であった。

呉楚七国の乱は景帝により短期間で鎮圧された。さらに次の武帝の治世になると、諸侯の力はさらに弱められ、君主独裁制が強められることになる。それはまさに、始皇帝が望んだ政策であった。

こうしてみると、秦から漢（前漢）の武帝に至る八十年余りは、皇帝独裁＝中央集権化政策の歴史であった。この政策をはじめたのが始皇帝であり、完成させたのが武帝であったといえよう。この政策は、経済的には、単一市場の誕生を目指したものだったと考えられる。そのため、中国の物流は盛んになっていった。

武帝の対外遠征は、結局、始皇帝が長生きしていたらしていたことをおこなったにすぎない。始皇帝から武帝までの百年ほどをかけ、中国は経済成長に適した制度を整えていったのである。

中国ではヨーロッパにはるかに先駆《さきが》けて、度量衡や文字が統一された。しかもその影響は中国国内にとどまらず、アジア各地、とりわけ東アジアにおよんだ。したがってアジアでは中国を中心とする経済システムができあがり、ヨーロッパより経済成長しやすい制度ができあがったといえよう。

EUができるずっと以前に、中国に単一市場が誕生したのである。その影響は、アジアの多くの地域におよんだ。

ここに、アジアの経済成長の鍵があった。

武帝の積極政策

武帝は、ほぼ全土への統一的支配を実現し、中国南部、さらには朝鮮半島にまで郡県制を拡大した。官吏登用制度として、郷挙里選《きょうきょりせん》の制度を設け、人材登用を図った。

また、董仲舒《とうちゅうじょ》の献言を受け入れ、儒家のみを尊重する政策を採用した。儒学が官学化したのである。

さらに、遊牧民族の匈奴への対立姿勢を明確にした。たとえば、前一三九年に、匈奴を挟撃するため、張騫《ちょうけん》を大月氏《だいげつし》国に派遣した。張騫は、その十数年後にようやく帰国した。

張騫によって、大月氏や大宛《だいえん》、烏孫《うそん》などの状況が報告され、武帝は本格的な西域経営に乗り出すことになった。前一二九年以降、衛青《えいせい》、霍去病《かくきょへい》らを将軍とし、匈奴を圧迫し、西域に進出することになった。

さらに、武帝は敦煌《とんこう》以下の郡を置いて支配領域を西域に広げた。その他、ベトナムの南越を滅ぼして日南郡などを置き、朝鮮にも進出して楽浪郡以下の四郡を置いて直轄領とした。このように武帝時代には、その版図《はんと》を中華以外の世界に拡大した。

画期的だった均輸法と平準法

これらの対外政策により、漢の国庫は空になってしまった。したがって、武帝と

キルギス
バイカル湖
丁零《ていれい》
ノイン・ウラ
鮮卑《せんび》
夫餘《ふよ》
烏桓《うかん》
匈奴
高句麗
烏塁城
タリム盆地
敦煌《とんこう》
朔方
遼東
玄菟
衛氏朝鮮
満城漢墓
楽浪《らくろう》
臨屯《りんとん》
且末《しょまつ》
陽関《ようかん》
酒泉
張掖《ちょうえき》
邯鄲《かんたん》
祁連《きれん》山脈
武威
ンルン)山脈
金城
洛陽
黄河
真番
三韓
長安
沛
淮水
羌《きょう》
漢中
函谷関
チベット高原
垓下
長江
蜀《しょく》
前漢
氐《てい》
巴《は》
マラヤ山脈
長沙《ちょうさ》
マガダ(ジュンガ朝)
閩越《びんえつ》
パータリプトラ
南海
滇《てん》
太平洋
ガンジス川
カリンガ
交趾《こうし》
日南《にちなん》
ベンガル湾

地図3　武帝時代の中国の領土

しては、財政再建を図る必要があった。そこで登場したのが桑弘羊《そうくよう》である。

桑弘羊の助言を受け、武帝は、塩と鉄の税収を国家財政に移管した。塩と鉄は、中国においてもっとも重要な産業であった。ところが塩の生産地は山西省や四川省の一部にかぎられており、これらの地の製塩業者とその販売業者が巨額の富をえていた。また、農民にとって鉄製農具は欠かせないものとなっていたにもかかわらず、製鉄業者とその販売業者が独占状態にあり、莫大な利益をえていたのである。

塩と鉄は課税されていたが、国家財政には入っていなかったので、武帝が移管したのである。さらにその後、塩と鉄の専売制が導入された。

それに加え、均輸法・平準法が導入された。均輸法とは、地方に均輸官を設置して、この均輸官に物品の購入と中央への輸出を担当させるというものであった。いわば国家が商業行為をすることであり、これにより、国家財政の安定が図られたのである。

平準法とは、均輸官が地方に派遣され、物価が低下すると買い付けをおこなって物価を引き上げる政策をとり、物価が上昇するとそれを販売して引き下げることとしたものである。

さらにまた武帝は、商工業者の財産税を増税する政策をとり、中央官庁による貨幣鋳造の独占もなされた。

これらの財政改革は、おそらく当時のヨーロッパでは、採用不可能だったと思われる。それほどまでに進んだシステムであった。もし漢が公債を発行していたなら、さらに近代的なシステムとなり、負債の返済はより容易になっただろう。

武帝の財政改革は、単に財政システムの改革にとどまらず、国家が経済に介入し、経済成長を促すというシステムを開発したのである。それは、始皇帝が開始し、武帝が完成したシステムだといえよう。

均輸法と平準法は、特権的な大商人にとって大きな打撃となった。しかし一般の人々には、プラスに作用したであろう。かぎられた商品ではあれ、物流が、特定の商人の手中にある状態から脱却したのである。

武帝時代には、その影響はあまり感じられなかったかもしれない。しかし、始皇帝にはじまり武帝に至って完成した単一市場で、特権商人の特権が奪われ、より多くの商人が物流にかかわる社会が誕生したといえよう。

それは、中国の経済成長に大きく役立ったのである。

第三章 イスラーム王朝はいかにして国力を蓄積したのか

アッバース革命で世界宗教に

世界史上、七世紀は、イスラームの世紀であった。六二二年にムハンマドによってイスラーム教が創始されると、その領土は瞬《またた》く間に広がった。

まずムハンマド時代（六二二〜六三二年）があり、そして正統カリフ時代（六三二〜六六一年）が続いた。

正統カリフ時代とは、ムハンマドの後継者であるカリフが正しく選出されて、ムハンマドの教えも厳しく守られていた時代であった。この時代には、イスラーム教の特徴であるジハード（聖戦）がなされ、領土が西アジアにまで広がった。イスラーム勢力は、シリア、エジプト、そしてイランを征服したのである。

正統カリフ時代には、ムハンマドの時代とは異なり、部族的な結びつきが否定されるようになった。人間の平等が説かれ、その教えが広く受け入れられるようになったのである。イスラーム勢力が急速に発展することになったのは、そのためであ

地図4　アッバース朝の最大領土

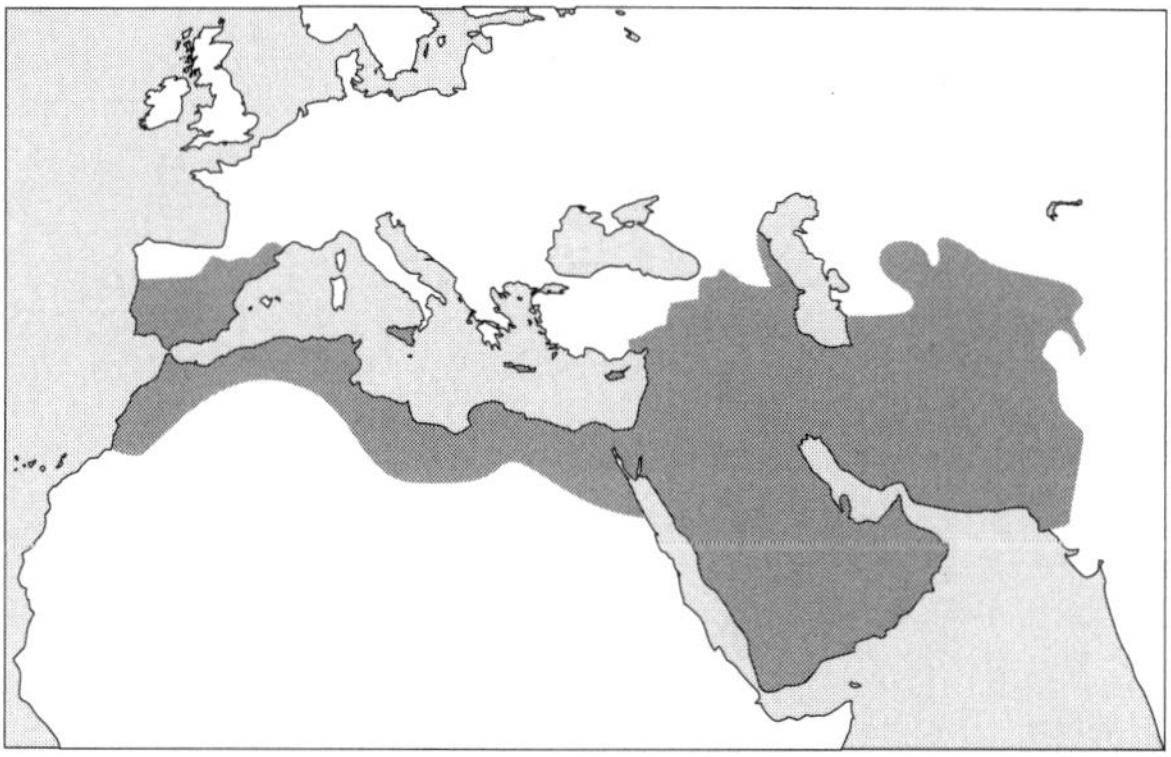

る。しかしその一方で、アラブ人でなければ、ムスリム（イスラーム教徒）であっても、ジズヤ（人頭税）やハラージュ（地租）を支払わなければならなかった。この時代には、イスラーム教とは、なおアラブ人を中心とする宗教であった。この傾向は、ウマイヤ朝（六六一〜七五〇年）でも続いた。

けれどもアッバース朝（七五〇〜一二五八年）になって、イスラーム王朝はさらなる飛躍を遂げた。アッバース朝は、アラブ人の特権を否定し、非アラブ人がジズヤを支払う必要はなくなった。アッバース朝は、アラビア人の王朝ではなく、ムスリムによる王朝へと変貌した。

これは歴史家により、しばしば「アッバース革命」と呼ばれる事象である。アッバース朝により、イスラーム教はアラブ人の宗教ではなく、民族とは関係がない、世界宗教になったのである。

アッバース朝の領土は、最盛期には中央アジアにまで広がった。そのこともあり、イスラーム勢力の影響はインド洋で強く感じられることになった。

彼らは、インド洋の物流を大きく変えた。インド洋と、東南アジア諸地域が海によって結びついたのである。

ここでは、インド洋世界の物流がどのように変化していったのかを論じたい。むろん、イスラーム勢力の力は大きかったが、それ以外の商人もインド洋の貿易に参加していた。ただしそれらは、徐々にヨーロッパ人の手に奪われ、やがてインド洋は、ヨーロッパ人が物流を担う海となった。

インド洋交易の中心を担ったムスリム商人

インド洋海域史家として名高い家島彦一《やじまひこいち》によれば、八世紀半ばから十世紀半ばまでの約二百年間は、バグダードがイスラーム世界の文化的シンボルとして、また富の源泉としてその周縁地域に強く意識されていく過程であった。

ムスリム商人は、熱帯・亜熱帯の諸地域で産出されるさまざまな商品（香辛料、薬物類、金、鉛、錫、宝石類、木材、米、豆類、熱帯産果実、動物皮革、象牙、家畜、織維原料）を大量に提供し、その代償として、西アジアと地中海沿岸部の諸都市で生産・取引された衣料品、敷物類、金属製品、陶器、ガラス容器、装身具、金銀貨幣、武器類、さらには他地域からの中継品を輸送した。

インド洋で使用されていた船は、一般的にダウ船とされる。ダウ船は、沿岸貿易にも長距離貿易にも使われた。アラブ人とペルシア人は、アフリカ東岸とインド西岸の長距離航海のためにダウ船を使用し、インド洋に面する地域に住んでいた多数の人々も、ダウ船で輸送をおこなったのである。

ダウ船

その貿易の担い手として、ムスリムが活躍するようになったのである。ヨーロッパは、長期間にわたり、軍事的にも商業的にも、イスラーム勢力に対抗することができなかった。さらに、中国の唐王朝とアッバース朝は、ほぼ二百五十年間にわたり、活発に人の交流や経済的・文化的交換をおこなっていた。

さらに家島によれば、九～十世紀にスィーラーフ（ペルシア湾の中間地点の東岸にある港）系商人たちが、紅海、東アフリカ海岸、インド西岸で活躍していた。そのルートは中国の広州にまでおよんでいた。インド海域の主要な港市から中国の銅銭、とくに十世紀中頃から十一世紀初頭にかけての宋代の銅銭が大量に出土している。これは、インド洋と中国のあいだに取引があったことの証拠である。

宋代には、日本から輸入した銅を銅銭として鋳造し、それを日本に輸出していたことは比較的知られている。南アジアのインドから東アジアの日本が、緩やかに統一された経済圏となっていたことが想像できる。そのため、アジアの物流が発展することになった。

宋代の中国の経済成長率は、歴史上きわめて高かった。国内においては、資源開発と技術革新が大きく進んだ。さらに、各地に特産品が生まれて、その交換取引が増えていく。中国内部で地域分業がおこなわれ、流通経済が発展したのである。

これほどの広域のネットワークが、一つの経済圏となり、そこでもっとも大きな役割を演じていた商人はムスリム商人だったのである。このムスリム商人の活躍により、バグダードに富や商品が集積し、アッバース朝が繁栄することとなったのである。

インド洋のイスラーム化と中国の影響

インド洋のイスラーム化は大きく進んだ。インドでは奴隷王朝（一二〇六～一二九〇年）とハルジー朝（一二九〇～一三二〇年）、トゥグルク王朝（一三二〇～一四一四年）、サイイド朝（一四一四～一四五一年）、ロディー朝（一四五一～一五二六年）という、デリーを首都とするイスラーム王朝が建国された。

地図5　インド洋からアフリカへの通商ルート

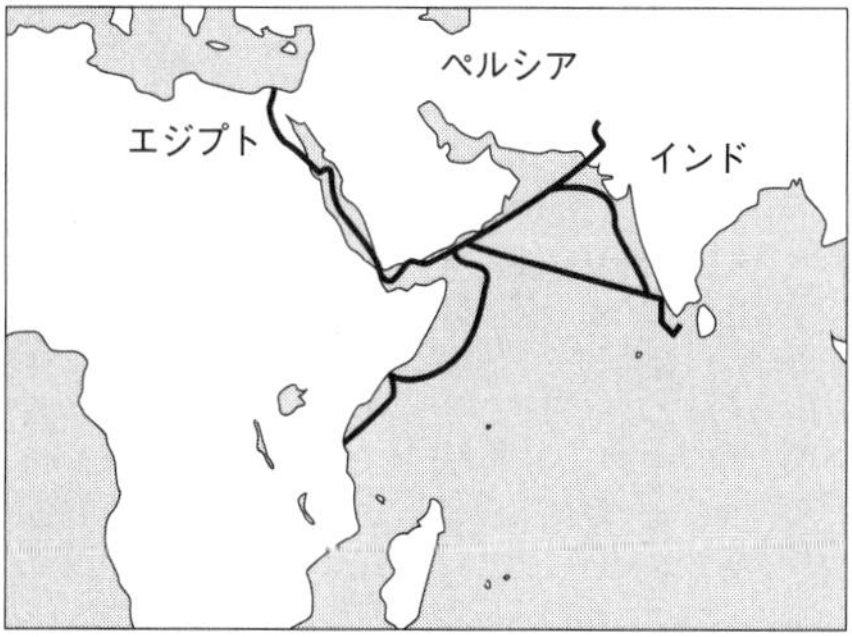

インド洋は、他の勢力もあったが、おおむねイスラームの海になった。だが、その一方で、中国船も増加したように思われる。ただし現在のところ、具体的な数字によって、この時代の中国船の増加について述べることは困難である。

そもそも中国は、海上貿易を重視した国であった。マルコ・ポーロは『東方見聞録』で、浙《せっ》江省《こうしょう》にある港市の杭州《こうしゅう》の繁栄を語っている。

杭州は、絹織物生産でも有名であった。それが元代になると、商業都市としてさらに繁栄するようになったのである。

福建省の泉州は、唐代初期からムスリム商人が訪れていた。唐の首都長安にもムスリム商人が訪れていたのだから、唐の代表的な港である泉州に、ムスリム商人が訪れたのは当然であった。

元代になると、泉州はさらに南海貿易で大いに繁栄した。一般に、モンゴル帝国はユーラシア大陸の中央部に位置する陸上帝国として知られているが、海上貿易も推進したのである。

おおまかにいえば、中国の海上貿易は、唐代から盛んになり、宋代になってますます発展した。商業を重視していた元がさらに強化したのである。この点でいうと、元もそれ以前からの王朝の延長線上にあったことがわかるであろう。

海上を中心とする商業ネットワークにより、インドの綿織物は紅海に、そしてサハラ砂漠以南のアフリカまで送られ、さらには、西アフリカのセネガンビアに到着した。途中、カイロと、おそらくヌビア（エジプト南部からスーダンにかけての地方）とアビシニア（エチオピアの旧称）の諸都市の商品集散地を経由し、そこからサハラ砂漠縦断のキャラバン隊により陸上輸送もなされたと考えられる。

このように、インドから中国にかけての海上貿易に加えて、海上・陸上でのネットワークを利用することでアフリカにまでネットワークが拡大した。その担い手の主力はおそらくムスリム商人であった。

ただし、それ以外の商人も活躍していた。

ムスリム以外の商人

十六世紀には、ヒンドゥー教徒のグジャラート商人が、インド半島東部のベンガル湾のネットワークで優勢になり、東アフリカと中東との貿易を拡大していった。

グジャラート商人の活躍について、日本では藪下信幸《やぶしたのぶゆき》が、以下のように述べている。


グジャラート王国が独立し、インド内陸部からの政治的経済的支配のくびきから逃れていた15～16世紀は、ヨーロッパが大航海時代に突入し、アジア交易圏に直接自らの商船を乗り入れて参入を開始した時期であり、まさにグローバル・ヒストリーの文脈におけるヨーロッパとアジア経済的紐帯が強まった重要な時期であった（藪下信幸「近世西インドグジャラート地方における現地商人の商業活動――イギリス東インド会社との取引関係を中心として」『商経学叢』五二巻三号、二〇〇六年、一〇一頁）。

グジャラート商人は、マラッカに独自の共同体を形成し、さらに支配者であるムスリムに、港の運営に関して自身の主張を述べた。このように、インド洋と東南アジアを結んでいたのは、ムスリム商人だけではなかった。

インド洋にしても、イスラーム教以外の宗教を奉ずる人々も多数いた。家島によれば、インドのマラバル海岸は、インド洋海域世界の交流の接点であった。そこにはムスリム商人はもちろんのこと、シリア正教、ユダヤ教、ゾロアスター教、ヒンドゥー教など、各種の信仰を異にする人々が住む地域でもあった。

このような宗教的多様性については、同時代人で十六世紀初頭にインドに到達したトメ・ピレスがこう述べた。「(インド西岸のカレクト王国では)取引が盛んで、マラバル人、ケリン人、シェティ人およびあらゆる地方からのイスラム教徒および異教徒の商人がいる」。さらに、カンベイに住むポルトガル人のなかには、グジャラート商人の代理人であった者がいたと推測されている。

インド洋は、多数の宗教・宗派を奉じる人々が参画する異文化間交易が盛んな場所であった。だからこそ、ポルトガル人をはじめとするキリスト教徒が比較的容易に進出することができたのである。しかしそれは、長期的にはヨーロッパの台頭とアジアの衰退をもたらすことになった。

ヴァスコ・ダ・ガマがカリカット（コーリコード）に到着した（一四九八年）ことをきっかけとして、ポルトガル国家がインドに侵入し、その後、オランダやイングランドが続いたのだから、ヨーロッパ人の海に変貌していったように思われるかもしれない。だがその一方で、インド人が交易に参画していたことも事実である。またヨーロッパ人のアジアへの進入は、中国政府の政策と大きく関連していた。

十五世紀初頭、永楽帝の統治下には宦官でムスリムの鄭和《ていわ》が宝船《ほうせん》という巨大船によってアラビア半島にまで遠征するなど積極的な対外政策をおこなったが、一四二四年に永楽帝が亡くなると、中国は積極的な対外進出をやめてしまう。さらに一四三六年には、大洋航海用の船舶の建造が中止された。

しかも、ポルトガルがインド洋に到来した頃のジャンク船（東南アジアの帆船）は五〇〇〜六〇〇トンもあった。ポルトガル船よりも大型だったのである。しかしなぜか、一六〇〇年頃になるとジャンク船は小型化し、二〇〇トンを超えるものは稀になった。

もしヴァスコ・ダ・ガマが十五世紀初頭にインド洋に到着していたとすれば、ポルトガルはそう簡単にはアジアで領土を拡大することはできなかったであろう。中国が大きく抵抗したと考えられるからである。

ポルトガル、さらにはヨーロッパ諸国がアジアに進入し、以前ならアジアの商人が輸送していた香辛料などを、自国の船で輸送するようになった。インド洋の物流は、徐々にヨーロッパ人の手に奪われていったのである。

第四章 ヴァイキングからハンザ商人、そしてオランダ商人へ

中世北海・バルト海の貿易の担い手は、ヴァイキングとハンザ商人であった。ヴァイキングとは掠奪者《りゃくだつ》であり、海賊であった。そのようなイメージは、現在もなお、まとわりついているように思われる。しかし現在の研究では、商人としてのヴァイキングの側面が強調される傾向がある。ヴァイキングは、北の海の物流の担い手であった。

そしてハンザ商人がその後継者となり、さらにその後継者となったのがオランダ商人であった。担い手が代わるたびに、北海・バルト海の商業圏は成長し、その密度は増してきたのである。

商人としてのヴァイキング

ヴァイキングが商人であると認識されるようになった一つの理由として、考古学的発掘により、ヴァイキングが建設したさまざまな都市的遺跡が発掘されたことが

ある。たとえばストックホルムの西方約二九キロメートルに位置するビュルケ島に位置するビルカ、ユトランド半島の付け根のところにあるヘゼビュー（ハイタブ）、イギリスのヨーク、アイリッシュ海のダブリン、フランスのルアンなどが、都市的集落として知られ、交易の拠点だとみなされるようになってきたのである。

日本では、ヴァイキングとはデンマーク・ヴァイキングを意味し、西に向かったヴァイキングのみが強調される傾向が強い。デンマークからイギリスにまたがる北海帝国を築いたクヌートが、その代表例である。

しかし東に向かったヴァイキングもいた。彼らは、スウェーデン・ヴァイキングと呼ばれる。スウェーデン・ヴァイキングは、イスラーム世界と積極的に取引をしていた。ヴァイキングの全盛期には、中近東や中央アジアから東欧や北欧に、銀貨が輸出されていた。これらの地域の貿易は、ヴォルガ川を使ってなされたと考えられている。

そのほかに、ビザンツ帝国との交易関係があるヴァイキングもいた。彼らの活動範囲は、黒海からカスピ海にまでおよんでいた。北ヨーロッパからイスラーム圏に至る地域の物流は、ヴァイキングによって担われていたといっても過言ではない。

ヴァイキングの後継者としてのハンザ同盟

ヴァイキングのロングシップ／ヴァイキング船博物館所蔵

一般にハンザ同盟とは、十三世紀に誕生した、北ドイツを中心にした都市の商業共同体とされる。だが、ハンザ同盟は、ヴァイキングの商業ネットワークを受け継いだのかもしれない。少なくとも商業圏を見た場合、ヴァイキングの後継者は、ハンザ同盟だといえる。もしヴァイキングがいなかったとしたなら、北ヨーロッパの商業圏の運命は大きく変わったであろう。

ヴァイキングが使った船は、ロングシップと呼ばれる、喫水の浅い、細長い船である。釘は使われていない。

ヴァイキングはこのロングシップを用いて簒奪者《さんだつしゃ》ないし商人として活躍したのだが、ハンザ同盟が台頭しヴァイキングが衰退するのは、ハンザ同盟がコッゲ船

コッゲ船

カラック船

を使用したことも一因となっている。船首から船尾にかけ、城郭のような上部構造をもち、はるかに頑丈なコッゲ船と比べて、背丈の低いロングシップは、戦闘ではまったく不利だったのである。

コッゲ船は船底が平らであり、本来は荒れることが多い北海よりも、海が比較的穏やかで浅いフリースラント（ドイツ・オランダの北海沿岸）沖やシュレースヴィヒ（ドイツとデンマークにまたがる地域）のフィヨルドでの航海の方が適していた。しかしハンザ同盟は、北海での航海にもこの船を使うようになったのである。北海海域でコッゲ船が確実に使用されるようになったのは、十三世紀初頭のことであったと考えられている。

さらに十四世紀初頭になると、南欧の船大工が、外材の端と端とが接するように据えつけていく独自の手法（カラベル船の工法）を用いて、コッゲ船のデザインを模倣するようになった。より大型で背丈の高い船を造り、三角帆ではなく方形帆を船に掲げた。北海やバルト海で、これらの船は、カラック船として知られるようになった。

バルト海貿易とハンザ

日本ではハンザ「同盟」として知られる北方ヨーロッパの都市の商業共同体は、

ドイツ語ではHanseという。これは「商隊」という意味であり、じつは「同盟」にあたる単語はない。つまり、ハンザ同盟という「同盟」はなく、都市の商業連合だととらえるべきである。このハンザに属する都市の数さえ曖昧であり、最大で二〇〇ほどあったという説すらある。しかし、この商業連合の中心に、リューベックが位置したことは間違いない。ハンザ総会は、基本的にリューベックで開催されたからである。リューベックは、北ヨーロッパの商品流通の中心となった。

ところで、日本では現在もなお、北海・バルト海では生活必需品が、地中海では奢侈品《しゃしひん》が取引されたといわれるが、このような見方は、欧米の学界では否定されている。どちらの地域も、もとより当たり前であるが、生活必需品・奢侈品の両方の取引をしていたのである。

バルト海地方と北海の貿易は、十二世紀以降、リューベックを通じておこなわれた。より正確にいうなら、この二つの海の商品輸送は、リューベック―ハンブルク間の陸路によってなされたのである。途中で一部、運河が利用されることがあった。

リューベックからハンブルクに送られた主要商品には、蜜蠟《みつろう》、銅、獣脂、皮革、魚油などがあり、ハンブルクからリューベックに輸送された商品として、毛織物、油、薬種、ニシン、石鹸、明礬《みようばん》などがあった。

地図6　リューベック―ハンブルク間のルート

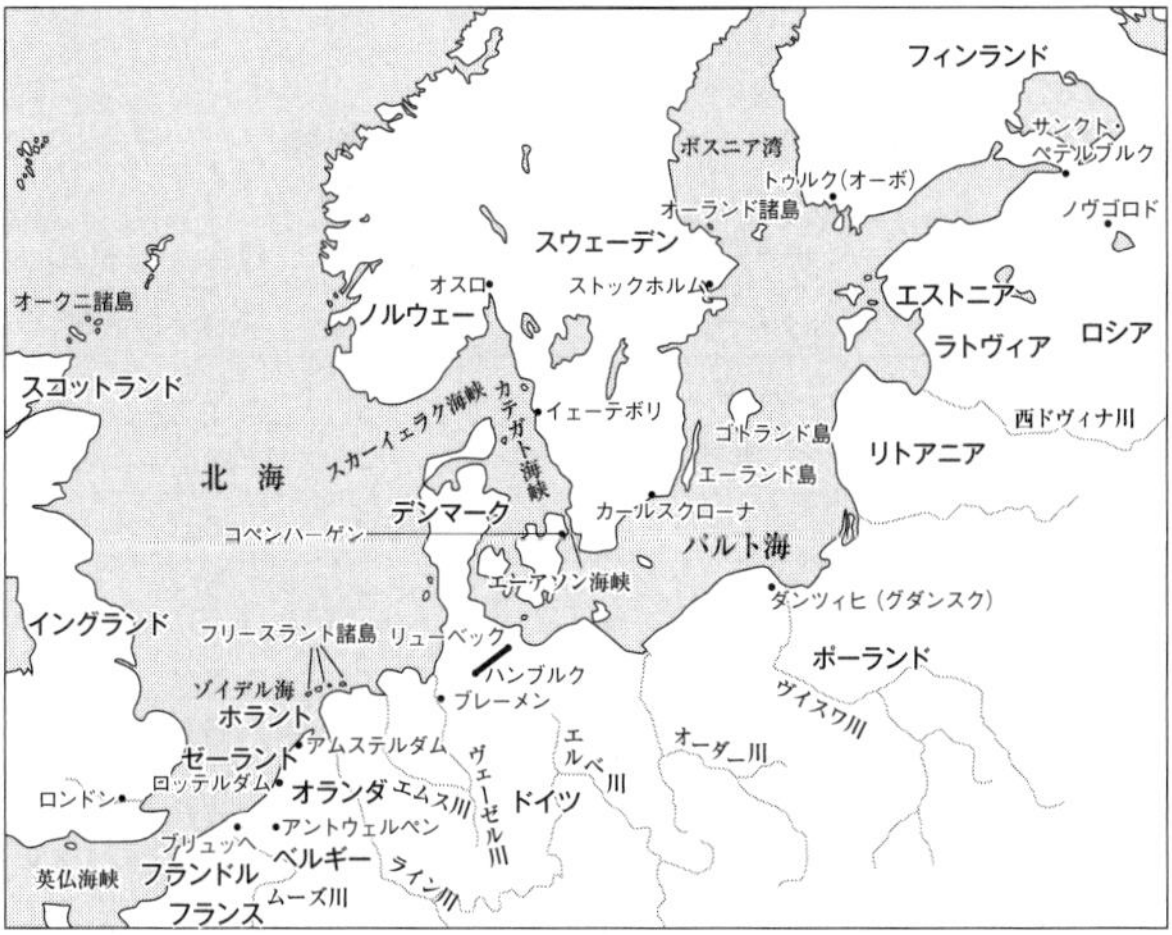

表2（64ページ）が示しているのは、ポンド税といい、ハンザ都市が交戦中に商品にかけた税金のことである。日本のハンザ史研究者は、これを「関税」と訳す。

しかし、表2の商品には、リューベックの商品はほとんどないことに気づくであろう。したがってこの税を「関税」というのは正確ではなく、「通行税」ないし「通関税」という方が、おそらく正しい。

貿易都市において、税は商品が輸出（ex-port＝港から外に）されるか、輸入（im-port＝港から中に）するときに課せられた。「港」からの商品の出入りにかけられたの

表2　1368-69年のリューベックの輸出入関税額

（単位：1,000リューベック・マルク）

商品名	主たる原産地	輸出	輸入	総額
毛織物	フランドル	120.8	39.7	160.5
魚類	ショーネン（スコーネ）	64.7	6.1	70.8
塩	リューネブルク		61.6	61.6
バター	スウェーデン	19.2	6.8	26
皮・皮革	スウェーデン、リーフラント	13.3	3.7	17
穀物	プロイセン	13	0.8	13.8
蜜蠟	プロイセン、リーフラント	7.2	5.8	13
ビール	ヴェント諸都市	4.1	1.9	6
銅	スウェーデン、ハンガリー	2.2	2.4	4.6
鉄	スウェーデン、ハンガリー	2.4	2.2	4.6
油	フランドル	2.7	1.5	4.2
亜麻	リーフラント、北ドイツ	0.4	3	3.4
各種食料品		2.2	1.2	3.4
金銀	?	0.7	2	2.7
ワイン	ライン地方	1.3	0.9	2.2
亜麻布	ヴェストファーレン	0.2	1.1	1.3
各種商品		39.9	16.6	56.5
計		338.9	206.9	548.5

出典：高橋理『ハンザ「同盟」の歴史——中世ヨーロッパの都市と商業』創元社、2013年、113頁。

である。たとえば、リューベックを通って取引される商品にかけられたのであり、それを関税と訳すなら、この税の本質を見誤ってしまうことになりかねない。

これは、少なくともこのポンド税台帳が作成されたときには、リューベックが北海とバルト海の貿易の流通拠点であったことを物語るのである。

オランダの台頭

リューベックが流通拠点であった時代は、十五世紀末に終焉を迎える。この頃から、オランダが航海の難所であったエーアソン海峡（スカンディナヴィア半島とデンマークのあいだの海峡）を航行する海上ルートの開拓に成功したからである。ただし、陸上ルートが使われなくなったのではない。陸上ルートよりも、海上ルートでの輸送が多くなり、その差がさらに拡大していったととらえるべきであろう。実際、いくつかの史料を読めば、十八世紀になっても、リューベック―ハンブルクルートが使われていたことが示される。とりわけ奢侈品の輸送は、輸送コストが多少高くても問題ないため、陸上ルートが使われることもあったようだ。

ともあれオランダが、航海技術の発展により、潮流が速いエーアソン海峡を航行するルートを開拓したことで、バルト海貿易の覇者となったことはたしかである。

航海技術の発展のみならず、商品輸送量が増大したことも大きな要因であった。

とくに、十六世紀後半から十七世紀前半においてバルト海地方から輸出される商品としてもっとも重要であった穀物は非常にかさばるので、陸上輸送には適さなかった。

穀物はやがて、地中海にまで輸送されるようになった。バルト海地方の商品が、オランダ船によって地中海に送られたのである。地中海は、バルト海によって飲み込まれてしまったのである。

第五章 なぜ中国は朝貢貿易により衰退したのか

「初期的な交易の時代」

東南アジア商業の発展については、何よりもアンソニー・リードの研究が重要である。リードは、一四五〇～一六八〇年の東南アジアを、「交易の時代」と呼んだ。リードの研究は、東南アジア商業史に対して、大きなインパクトを与え続けている。

その影響を受けた研究者の一人であるジェフ・ウェイドは、九〇〇～一三〇〇年を「初期的な交易の時代」と名づけた。リードが「交易の時代」と定義したよりも以前の時代に、「初期的」と呼べる交易の拡大の時代があったというのだ。

ウェイドは、八～十一世紀にインド洋やアラビア湾のみならず、東南アジアにおいてもイスラーム化が進んだと指摘した。チャンパー（ベトナムに建てられた王国）や中国、さらに南シナ海、東南アジアにおいても、ムスリム共同体が見られたという。

地図7　東南アジア

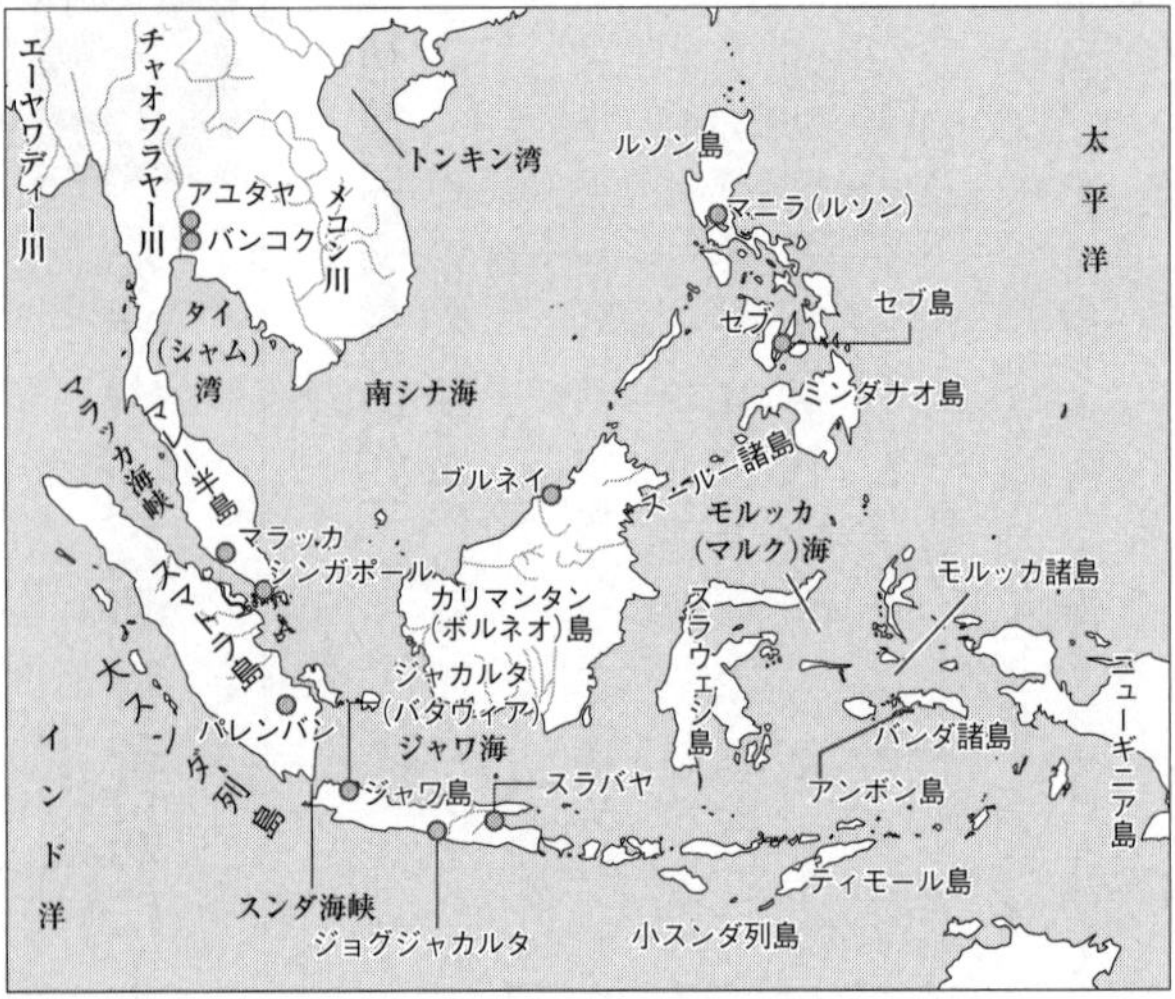

十一世紀後半には、アラブからの使者が東南アジアをへて、中国を訪れた。この時代には、中国の海上貿易の拠点が、広州から泉州へと移った。泉州には、すぐにモスクが建てられた。十二～十三世紀の海上貿易のブームにおいても、泉州のムスリムの勢力は非常に強かったのである。

すでに第三章で、インドで中国の銅銭が出土していることを述べた。宋の銅銭はさらに東南アジアに流入した。中国人がこの地域に来るようになったことは、比較的広く知られている。さらに宋銭は平安時代中期からは、日本でも使用されるようになった。海上貿易を中心とした一つの市場が、アジアで形成されつつあったと考えられる。

またリードによれば、一四〇〇～一四六二年に、マラッカ、スマトラ、モルッカ諸島のティドレ島などがイスラーム化した。イスラーム勢力の台頭は続いたのである。さらにブルネイ、マニラ、チャンパーなどもイスラーム化した。イスラーム化のピークは、十七世紀中頃だと考えられている。

ここでは、イスラーム化が進むなか、どのような物流システムが形成されていったのかを見ていきたい。中国が形成した、朝貢《ちょうこう》貿易制度についても言及する。重要な商品の物流のほとんどを他国にゆだねるということは、歴史上ほとんど見られない特異な事例である。

結節点となったマラッカ、琉球

イスラーム化が進行する一方で、東南アジアにとって、中国は最大の市場であった。十四世紀後半から、中国は二世紀間にわたって人口が増大した。そして東南アジアの製品に対する中国の需要は、明の皇帝である永楽帝（在位　一四〇二～一四二四年）の貿易のための遠征によって、非常に大きくなった。そのため、東南アジアでの交易と物流が発展したのである。しかし永楽帝の没後、中国の対外進出はストップし、中国海運業は発展せず、アジアの海上貿易における主役ではなくなったのである。

十五世紀末になると、マラッカが重要性を帯びるようになった。マラッカは、インド洋で使われていたダウ船と東南アジアで使用されていたジャンク船の結節点であり、海上貿易の最大の要所であった。アラブ人、ペルシア人、インドネシア人などがここに参集した。そのためマラッカは、アジア域内交易の中心地になった。マラッカでは、米、砂糖、魚と綿織物が、胡椒《こしょう》、樟脳《しょうのう》、香辛料、白檀材《びゃくだんざい》、中国製磁器、絹、貴金属と交換されたのである。

東南アジアと北東アジアの重要な結節点となったのは、琉球であった。琉球は中国への朝貢貿易を積極的におこなっていたばかりか、東南アジアの主要貿易港に船舶を送った。さらに、一四三〇〜一四四二年に、タイのアユタヤ朝に少なくとも一七回、スマトラ島のパレンバンに八回、ジャワには八回、使者を送った。貿易に使われた船は、中国や東南アジア諸国と同じく、ジャンク船であった。

このような琉球の活動は、十五世紀後半から十六世紀前半にかけて頂点に達したものの、それ以降衰退することになった。ただしこのときの琉球の活動が、その後の南洋日本町の生成につながったと推測されよう。

東南アジアの交易の増加は、一四〇〇年頃にモルッカ諸島から香辛料が輸出され

ジャンク船

たことに端を発した。そのピークは、一五七〇～一六三〇年であった。その後、世界貿易に占める東南アジアのシェアは縮小し、さらにオランダ東インド会社が長距離貿易を独占し、東南アジアの利益は減少した。一六八〇年代には「交易の時代」は終わり、国際貿易における東南アジアの重要性は低下していくことになった。

そのなかで、マレー―ジャワ群島間の航海においては、ヨーロッパ船の比率が上昇していった。オランダは、十七世紀前半のうちにすでに、アジア域内における貿易船舶数を約四倍にした。やがてインド洋やマラバル海岸、中国、とりわけジャワ島で、ヨーロッパ諸国の貿易船舶数が増えていった。

東南アジアとインド洋の一体化はさらに進んでいったと考えられる。遅くとも十七世紀になれば、インド洋と東南アジアは一つの商業圏となり、それが陸上ルートと結節された。おそらくは、後述するアルメニア人のルートとの結びつきを強めて、ユーラシア世界が一つの商業ネットワークに包摂されていくことになったものと思われる。

近世の商業ネットワークの強化は、国家の力ではなく、商人の自律的な組織によって拡大・統合されていったのである。

また繊維の歴史について詳しいジョルジオ・リエロは、インドの綿が東南アジアまで輸送される方法について、次のようにいう。

陸と海は、綿や他の商品の貿易にとって排他的な方法ではなく、補完関係にあり、船舶から荷が降ろされ、ラクダに荷が積まれた。さらに、その逆もあった。第二に、これは、いくつかの媒介に依拠した貿易であった。たった一人の商人がもともとの土地からはるばる最終消費者まで商品を運ぶのは、ごく稀なことであった。商品を扱う人は、数回変わったかもしれない。たとえばグジャラートから、一シーズンまるまるかけてマラッカに到着した。そしてモンスーンのために、商人は戻るまでに翌年の三月まで待たなければならなかった

(Giorgio Riello, *Cotton: The Fabric that Made the Modern World*, Cambridge, 2013,p.20.)。

これは綿の事例だが、他の商品についても、同じような関係があったと考えられる。海と陸は互いに排除するものではなく、相互依存関係にあったと考えるべきである。

朝貢貿易——物流システムを他国にゆだねる

第三章で明の鄭和が乗った宝船《ほうせん》と呼ばれる大型の船について言及した。この船はヴァスコ・ダ・ガマがポルトガルからはるばるやってきたときに乗っていた船よりも、はるかに大型であった。

最初の航海では、船舶数は六〇隻以上、乗組員は二万八〇〇〇人ほどであったといわれる。鄭和の航海は、きわめて大規模であり、当時のヨーロッパでは不可能な規模だったと考えられる。中国の海運力は、非常に大きかったのだ。

これほどの大艦隊を、しかも合計七回も送った目的についてはは明らかになっていない。ところが永楽帝が逝去すると、中国は積極的な対外進出をやめてしまい、内にこもってしまうのであった。

地図8　鄭和の遠征

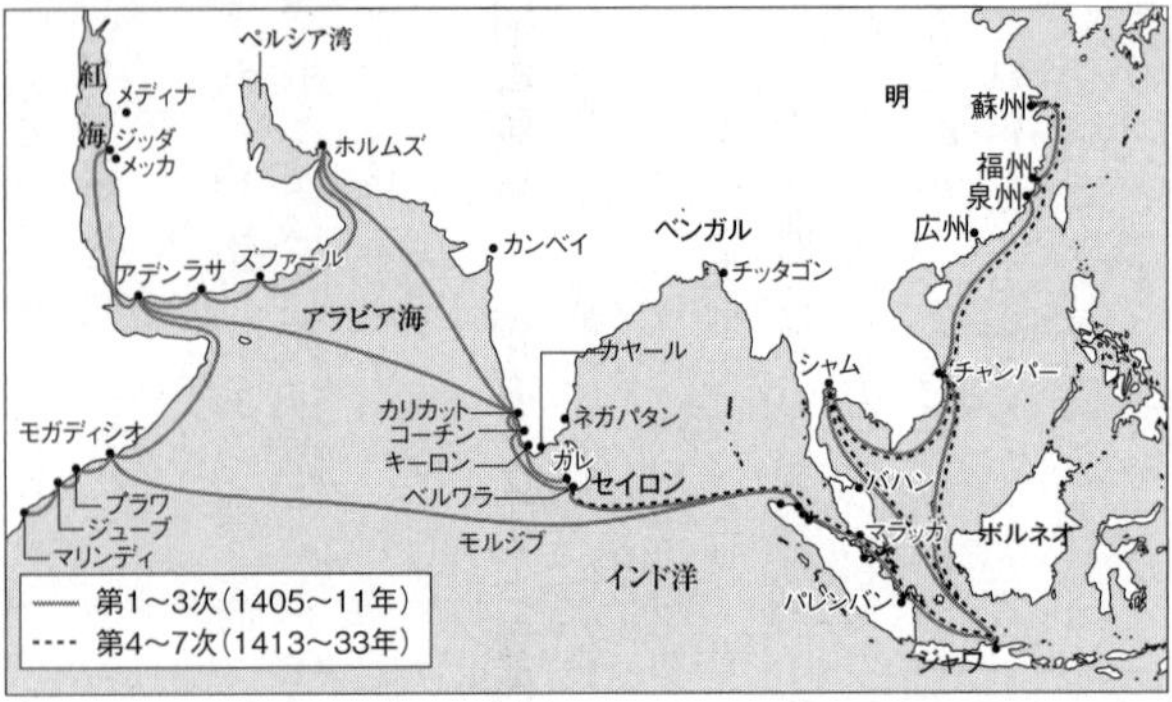

中国は、伝統的に朝貢貿易という制度をとっていた。その体制にふたたび回帰したのである。朝貢貿易とは、貿易の一形態であり、中国周辺の朝貢国が朝貢品を中国に差し上げ、その見返りとして下賜《かし》品を朝貢国に渡すという行為である。中国王朝が、周辺の「蛮《ばん》夷《い》」に対して恩恵を施す、という理念にもとづく国家間の関係も意味した。

すでに、中国では唐代に朝貢貿易を実行していた。宋代はそれに代わり、民間貿易が発展した。遼・金・元の時代にも、民間貿易がおこなわれていた。中国の周辺諸国は、金銀、奴隷、畜産、原料を中国に送り、それに対し中国は、陶磁器、絹織物、鉄器、銅器、漆器、書籍などを下賜した。

明代には、洪武帝（在位　一三六八～一三九八年）が、対外政策においては民間人の海上貿易を禁止する海禁政策をとり、海外との貿易や大型船の建造を禁止した。ところが永楽帝の時代になると、ふたたび中国は活発に海外との貿易をおこなうようになった。だが、依然として朝貢貿易は続けられたのである。

さらに清代になっても、この傾向は続いた。ただし、明ほどそのウエイトは高くなく、中国とスペインのあいだでの貿易もさかんにおこなわれた。中国からは生糸・陶磁器・茶などが輸出され、スペインからは銀を輸入しはじめた。しかし周知のように、一七五七年からは、広州だけが外国との貿易港になった。

そもそも朝貢貿易というシステムは、いうまでもなく、中国が隣国よりも圧倒的に経済力があったからこそ成り立った制度であった。朝貢品よりも中国が下賜する品々の方がはるかに価値があったからこそ成立したのである。しかし、中国の経済力は、徐々に落ちていった。

中国が世界で一番豊かな国であるなら、近隣諸国が朝貢品を自国船でもってくるというシステムを使い、流通を軽視しても、何の問題も生じなかった。中国は、自国船を使うことによってえられる利益など考える必要もないほど、豊かな国家だったのである。

中国の税制は、明代には一条鞭法《いちじょうべんぽう》であったのが、清代には地丁銀《ちていぎん》制へと変化する。一条鞭法とは、租税と徭役《ようえき》を銀に換算して、一本化して銀で納入することにしたものであり、地丁銀制とは、土地税のなかに人頭税を組み込み、一括して銀納させたものである。その銀は中国国内ではなく、外国から輸入したものであった。

ガレオン船が新世界から中国に銀を運んだ

十六世紀、スペイン人が中南米を侵略し、いわゆる「新世界」との交易がおこなわれるようになった。一五四五年には現在のボリビアに位置するところでポトシ銀山が発見されたこともあり、大量の銀が新世界から採掘された。ヨーロッパと中国の貿易はヨーロッパ側の赤字であった。その赤字を補塡するため、ヨーロッパは、中国に銀を輸送したのである。そして新世界から中国へと、大量の銀を運んだのは、ガレオン船と呼ばれる船であった。

銀が新世界から中国に運ばれるルートは三つあった。第一に、メキシコ西岸のアカプルコから、フィリピン諸島へと、太平洋を通じて送られるルートがもっとも重要なルートであった。

一五七一年にスペインによって建設されたフィリピンのマニラでは、絹と銀が交換された。スペインにとって、マニラを通じることが、アジアの市場に参入する唯一の方法であった。ヨーロッパ外世界の貿易は、まずポルトガル人によって、ついでオランダ人によって支配されていたからである。ガレオン船は、太平洋沿岸貿易の誕生を意味した。十八世紀末には、多数のマニラ産の葉巻が、アカプルコ経由でスペイン領アメリカに輸送された。

十六世紀の終わり頃から十七世紀前半まで、アカプルコからマニラへの輸出の多くは非合法だったので、輸送量を推計することはかなり難しい。だが、一七〇二年のメキシコ当局の報告によれば、毎年の銀輸送量は、通常一四万三七五七キログラムであった。この銀が、中国の絹や陶磁器、リネンなどと交換されたのである。

このルートに加えて、第二のルートとして、かなりの量が、メキシコからパナマ地峡をへて、スペインのヤビーリャに送られ、非合法的にポルトガルに輸出された。

その銀とともに、アルゼンチンのブエノスアイレス経由で、地金がペルーからポルトガルのリスボンへと密輸された。銀はさらに、喜望峰を通り、インドのゴアまで送られた。ポルトガル人は、十六世紀後半から十七世紀初頭にかけ、ゴアからマカオへと、毎年六〇〇〇～二万キログラムの銀を運んだ。

第三のルートは、新世界からスペインのセビーリャに合法的ないし非合法的に運ばれた銀が、ロンドンやアムステルダムに送られ、さらにそれを英蘭の東インド会社が東南アジアに輸送し、中国産の絹・陶磁器と交換したというものであった。

現在の研究では、ガレオン船は毎年二〇〇万ペソの銀を輸送していたとされる。

その額の大きさは、ポルトガル領インド、オランダ東インド会社、イギリス東インド会社のすべての銀輸送を合計した額がほぼ二〇〇万ペソであったことからも、理解できよう。

このように、中国が必要とする銀の流通は、スペインの手中にあった。中国は、税金に必要な銀の輸送をスペインにゆだねた。これは信じがたいほどの物流システムの軽視である。この中国とまったく逆のことをして、すなわち自国のみならずヨーロッパ全体の物流に影響力をおよぼすことによってヘゲモニーを握ったのがイギリスである。詳しくは第十章で取り上げたい。

第六章 地中海はなぜ衰退し、バルト海・北海沿岸諸国が台頭したのか

先進地帯から後進地帯へと変化したイタリアと地中海

十五世紀にイタリアとイギリスを比較したなら、イタリアの方が明らかに将来の経済成長が見込めると思えたであろう。イタリアには東南アジアのモルッカ諸島からの香辛料が運び込まれ、ヨーロッパ各地に輸送されて、それによって大きな利益をえていたからである。

また同じ世紀に、北海・バルト海と地中海を比較したなら、地中海の方が貿易をさらに発展させせる可能性があると判断されたであろう。

だが現実にはイタリア経済は停滞し、北海・バルト海経済圏が台頭し、やがてイギリスが産業革命を成し遂げることになった。近代ヨーロッパ世界の主役となったのは、北海・バルト海地方であった。

それは、一体なぜなのだろうか。

中近世イタリアの都市化は大きく進んでおり、商業・金融技術も発達していた。

銀行が誕生し、複式簿記が導入され、保険業が発達していた。一見すると、経済の覇権を握らなかったことの方がむしろ不思議なのだ。

では、イタリアと地中海は、なぜ最終的に衰退したのだろうか。この問いに対する端的な答えは、生態系の問題と、生態系に強く関連した海運業、そして物流システムが関係していたとなろう。

以下、その具体的特徴を述べていきたい。

地中海から塩を輸入したバルト海諸国

バルト海は高緯度にあり、中心は北緯五八度に位置する。バルト海北端の都市であるトルニーオ（現フィンランド）は北緯六五度にある。

高緯度に位置するフィンランドは、一年を通して低温であり、また夏の日照時間は長いのだが冬の日照時間は非常に短い。冬至の時期になると六時間程度しかない。海水の蒸発が進まないためバルト海の塩分濃度は低く、バルト海沿岸に住む人々は、他地域から絶えず塩を輸入する必要があった。

一方、地中海への水の流入量は少なく、気温が高く乾燥した気候のため、海水は絶えず蒸発しており、塩分濃度は高い。それゆえバルト海と異なり、塩の輸出地域となった。

このように、バルト海と地中海の気候は、大きく異なる。この二つの海は、それぞれが必要としているものを互いに交換した。

バルト海は、じつは南北に長い海である。それは、バルト海北部に位置し、スウェーデンとフィンランドに囲まれたボスニア湾が六〇〇キロメートル以上もあるためである。近世になると、ボスニア湾からストックホルムをへて、西欧諸国に海運資材として重要なタールが輸出されるようになった。さらにバルト海地方からは、索具《さくぐ》として使用される亜麻や麻、海運資材としての木材、船舶に使用される碇や釘などに使われる鉄が西欧へと輸出された。それらは、西欧の海上発展に欠くことができない資材であった。すなわちヨーロッパの物流を支えたのは、バルト海地方の海運資材だったのである。

バルト海の海運資材と地中海の塩の交換は、自然条件から考えるなら、必然的現象であった。

地中海の平均水深は一五〇〇メートルと、バルト海の五二メートルに比べるとはるかに深い。しかも、その面積は約二五〇万平方キロメートルであり、バルト海の約四二万平方キロメートルよりもはるかに大きい。したがって、地中海では大規模な貿易が可能になった。前述したように、古代のフェニキア人はこの海で非常に広汎な海上ネットワークを構築した。またローマ帝国やビザンツ帝国が広大な領土を有することができたのも、広大な地中海を利用したためである。だが一方で、その広さは帝国を維持するためのコストを莫大なものにした。一つの国が地中海を長期間にわたり支配するのは、至難の業だったのである。

また、地中海の方がバルト海よりも豊かな地域だというイメージがあるが、生態学的にはそうとはいえない。

地中海では、フェニキア人以降、古代ギリシア人や古代ローマ人、さらにはイタリア商人やムスリム商人など、さまざまな人々による商業活動がさかんにおこなわれた。造船のために森林地帯が切り開かれていき、多くの山が禿山《はげ》となった。地中海沿岸の国には山の中にたくさんの家があるが、これこそ環境破壊の象徴ともいえる。地中海では一度森林がなくなると、新しく森林地帯として復活することはほとんどなかった。

それに対しバルト海沿岸地帯には、いまなお多くの森林がある。その理由として、商業の規模の差とともに人口密度の違いもあげられるが、さらに二つの海の生態的相違についても忘れてはならない。単純にいうなら、バルト海地方では、森林は再生可能な資源なのである。現在もなおフィンランドで重要な産業の一つとして、森林業があげられることが、その証拠となろう。

エネルギー供給の限界

イタリアでは造船業のために森林が切り倒されていった。つまり、海運業が発展するには大きな限界があった。前述したように、地中海沿岸地域で森林を伐採すると、ふたたび森林地帯になることはほとんど考えられなかった。そのため造船業と海運業が衰退することになり、北ヨーロッパのように大規模な商船隊を有することは不可能になった。

十六世紀のあいだに、イタリアでは大規模な伐採がおこなわれた。そしてヴェネツィアは、木材だけではなく船体も外国から購入するようになった。ヴェネツィアは完全に仕上がった船を購入することを法律で禁じていたが、その禁止を諦めざるをえなくなったのである。それほどまでに、木材が不足するようになったのだ。

さらに、エネルギー供給面での限界を論じないわけにはいかない。イギリスの石炭は、北海に面する諸地域、たとえばデンマーク（ノルウェー）、ドイツ、さらにはオランダに輸出された。イギリスはいわば、北海経済圏のエネルギーの供給源として機能したのである。また、バルト海地方でも、森林資源が豊富にあり、大量の木炭を利用することができた。

それに対して地中海経済圏においては、森林資源が枯渇していったので、木炭を

ヴェネツィアのガレー船

調達することは難しかった。さらにイタリアの石炭生産量は、イギリスと比べるとはるかに少なかった。こんにちのイタリアでも、石炭はほとんどまったく産出されていない。イタリアの経済成長は、天然資源の枯渇という点で大きな限界があった。

さらに、地中海では、奴隷が櫂《かい》をこぐガレー船が長く使用されていた。囚人や捕虜、奴隷、さらには自由民が漕ぎ手として使われた。このように労働集約的な（労働者をたくさん必要とする）船舶が利用されたのは、おそらく香辛料のような高価な商品を取引しており、彼らの労働コストが低かったからである。イタリアの海運業は、基本的に安価な労働力によって維持されていた。裏を返せば安価な

表3　ストックホルムとマルセイユ、カリャリを往来した船舶数

		1760～69年	1770～79年	1780～89年	1790～99年	1800～09年	1810～15年
マルセイユ	西航船数	15	85	111	22	16	6
	東航船数	5	16	19	12	9	1
カリャリ	西航船数	4	7	4	3	1	0
	東航船数	174	199	132	67	36	1

出典：STR-Online

労働力の供給がストップしたなら、その繁栄は終わってしまう危険性を孕《はら》んでいたのである。

地中海に進出するスウェーデンの船

近世においては、イギリス、オランダなどの北ヨーロッパの船が、どんどん地中海に進出していった。この節では、研究がもっとも進んでいるスウェーデンの船について取り上げる。

十七世紀後半になると、地中海内のさまざまな港へと、地中海の産品を運ぶ海運業が発展するようになる。これはおそらく、フェニキア人、イタリア人が使っていた航路をそのまま使ったものであろう。

スウェーデン西岸ないしスウェーデン領ポンメルン（現ドイツ）を出航し地中海に向かった船は、出発した年の内にスウェーデンに帰ってきたが、ストックホルムや現在のフィンランドからの船は、六月から八月のあいだに航海を開始し、翌年の航海のシーズンになってよう

地図9　北海・バルト海と地中海

やく帰国することもあった。またスウェーデン船は、マルセイユとイタリア北西岸のリヴォルノを結ぶ航海のために使用された。

表3（85ページ）は、ストックホルムからフランスの地中海側の代表的な都市であるマルセイユ、そしてイタリアのサルデーニャ島のカリャリへ向かった西航船（エーアソン海峡［86ページの地図参照］を、西側に航行する船。ストックホルムの輸出船）の数とマルセイユ、カリャリからストックホルムへ向かった東航船（エーアソン海峡を東に航行する船。ストックホルムの輸入船）の数を示したものである。

まずマルセイユに注目すると、ストックホルムの西航船の数が東航船の数を上回っていることがわかる。これは、マルセイユに向かった船舶の多くは、マルセイユから直接ストックホルムに帰港したわけではないことを示している。

次に、カリャリを見よう。カリャリは、マルセイユとは対照的に、西航船数が東航船数を大きく下回っている。

ストックホルムからマルセイユに向かったとされる船の多くは、マルセイユのあと、さらに地中海での海運に従事していたと推測される。そのうち、カリャリからストックホルムに帰港した船も多かった。スウェーデンの商品を積みマルセイユに向かったスウェーデン船が、マルセイユで積荷を降ろしたあと、ワインやブランデーなどのフランス商品を地中海内の地域に輸送し、イタリアから塩を本国に輸送した事例がある。また、ストックホルムからマルセイユに到達した鉄の一部は、オリエントやバーバリ諸国（北西アフリカ）などに再輸出されたこともあった。

さらに、ポルトガルに向かったストックホルム船は、この地で植民地物産を積み、地中海諸都市へ航海し、そこで越冬し、セトゥバルや地中海諸都市から塩を積んでストックホルムに帰港することもあった。マルセイユと同様に、ストックホルムからポルトガルに向かった船も、地中海における海運に従事したのである。

このようなことは、おそらくイギリス船やオランダ船もおこなったと考えられる。ただし現在は、日本ではまだその研究はないので、今後の研究の進展が期待される。

いずれにせよ、地中海内部の物流は、かなり北ヨーロッパ諸国に担われるようになり、イタリアの海運業は大きく衰退した。その後イタリアが、ヨーロッパの対外進出にあまり参加できなかったのは当然のことであったといえよう。

第七章 喜望峰ルートは、アジアと欧州の関係をどう変えたか

一四八八年に、ポルトガル人バルトロメウ・ディアスが喜望峰（現南アフリカ共和国・ケープタウンの岬）に到達し、一四九八年には、ヴァスコ・ダ・ガマの一行が、この喜望峰を通るルートでインドの西岸のカリカットに到着した。これ以降、ポルトガルはアジアにどんどん進出していった。

一五〇三年には、アフォンソ・デ・アルブケルケがカリカットを攻略し、一五〇五年には、フランシスコ・デ・アルメイダがインドでキルワを植民地化し、要塞《ようさい》を建設した。

一五〇九年、アルメイダがディウの海戦でイスラームのマムルーク朝艦隊を破り、ポルトガルのアラビア海支配は決定的になった。アルブケルケは一五一〇年にはゴアを占領し、強固な要塞を建設した。ゴアは、ポルトガルのインドにおける拠点となった。さらにアルブケルケは、一五一一年にはマラッカ王国を滅ぼした。これにより、ポルトガルは、モルッカ諸島からの香辛料を入手しやすくなった。

表4　東南アジアからヨーロッパへの胡椒輸出量の推計

単位：メートルトン

時代	喜望峰ルート	レヴァント ルート	合計	東南アジア から
1379-89		62	150	0
1391-99		732	800	
1404-05		278(V)	500	0
1497-98		566(V)	800	100
1501-06	586	294	880	100
1517-31	1,174	125	1,300	300
1547-48	1,506	500	2,000	600
1560-64	1,200	1,500	2,700	1,300
1582-90	1,170	1,600	2,800	1,400
1621-22	2,718	300	3,000	1,800
1641-53	2,693(DE)	0	3,300	2,200
1670-78	5,528(DE)	0	6,000	4,000
1680-86	3,191(DE)	0	3,700	2,500

V=ヴェネツィア船のみ　DE=オランダ船とイングランド船のみ

出典：Anthony Reid, "An 'Age of Commerce' in Southeast Asian History", *Modern Asian Studies*, Vol. 24, No.1, 1990,p.16, Table 2.

香辛料は、喜望峰ルートで輸送されるようになり、紅海からアレクサンドリアを通り、イタリアに香辛料を運ぶルートは徐々に衰退した。

表4に示されているように、東南アジアからヨーロッパへの胡椒輸出量は、十六世紀後半のあいだはレヴァント（地中海東岸）ルートと喜望峰ルートのあいだにあまり差異がないが、一六四一年以降、英蘭の東インド会社がケープルートのみを使用するようになり、レヴァントルートはほぼ消滅する。

ヨーロッパとアジアの経済力が逆転

喜望峰ルートの開拓によってイタリアは、インドと東南アジアのルートから切断されることになった。イタリアは、オスマン帝国との貿易は続けたが、東南アジアとの貿易では、もはやほとんど何の役割も果たさなくなってしまう。

地図10に見られるように、イタリアは、香辛料の貿易のほんの一部しか担っていなかったのだ。イタリア経済は、ヨーロッパ内部では重要であったかもしれないが、ユーラシア世界のなかでは、あまり大した役割は果たしていなかった。この時点ではなお、ヨーロッパよりもオスマン帝国、アジアの経済力の方が強かったのである。だが、ヨーロッパのアジアへの海上ルートでの進出は、この関係を逆転させ

地図10　香辛料の輸送ルート

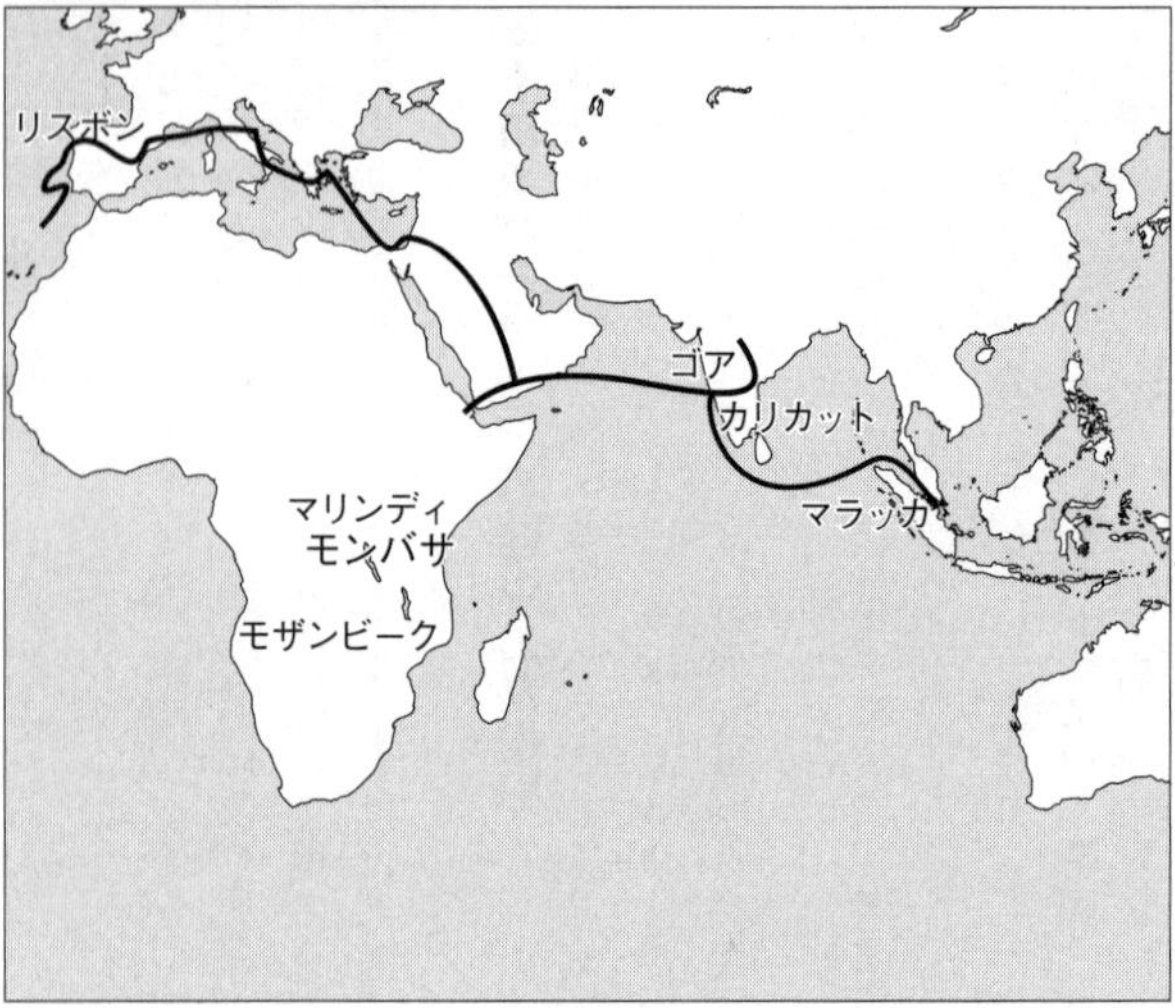

ることになった。

ポルトガルのアジア進出を皮切りとして、オランダ、イギリス、フランス、デンマーク、スウェーデンが東インド会社を設立し、アジアとの貿易を促進した。当初はアジアの産品の輸入が主であったが、やがてインドから茶や綿製品を輸入するようになる。

この過程で、商品は、以前ならアジアからヨーロッパに流れていたのが、徐々にヨーロッパからアジアへと流通経路が逆転する。それは、そのままヨーロッパとアジアの経済力の逆転を示す。

国家と関係なくアジアに進出していたポルトガル商人

イタリアが担っていたヨーロッパとアジアとの結節点という機能は、ポルトガルの台頭によって大きく揺らいだ。

ポルトガル帝国については、従来、国家主導型の発展形態が強調されてきた。しかし現在では、商人が、自分で組織をつくり、商業圏を拡大していったという考え方がむしろ主流である。すなわち、国家が対外進出したことは認められているものの、同時に、それとは無関係にポルトガル商人は自分たちで組織をつくり、ヨーロッパ外世界へと進出していったということが、認められるようになっているのである。

ポルトガルがアジアで占領した地域の多くが、やがてオランダ、さらにはイギリスの支配下に入った。そのため、ポルトガル海洋帝国は衰退したと考えられてきた。ポルトガルが活躍した期間はごくわずかしかなく、イギリスやオランダの東インド会社によって、ポルトガル国家はアジアから「追放された」といわれてきたのである。

しかし、そもそもポルトガル商人たちは、国家とは関係なくアジアに進出していた。ゆえに、ポルトガルの領土が他国に奪われても、ポルトガル人は商業活動を続けることができた。そのことは、多くの人々によって主張されている。また十九世紀初頭に至るまで、ペルシア湾からマカオまでの地域の共通語は、ポルトガル語であった。

そのためポルトガル人の商業活動は、政治体としてのポルトガル帝国の衰退後も続いた。

前述した通り、十六世紀のインド洋では、ムスリム商人とともに、ヒンドゥー教徒であるグジャラート商人らも活躍していた。このような、多様な宗教や宗派に属する商人共存関係は、東南アジアにも見られるものであった。ポルトガル商人は、その一部を形成したにすぎない。だが当時東南アジアにポルトガル商人がいなければ、ヨーロッパがその後この地に進出することは難しかっただろう。

東南アジアには、非常に多くの地域からの商人がいた。まず、ムスリム商人がいた。彼らの多くは、もともとインド出身であった。ムスリムに滅ぼされたとはいえ、マジャパヒト王国（一二九三～一五二〇年頃）というヒンドゥー教王国もあった。仏教の王朝もあった。中国からは、華僑《かきょう》が東南アジアに移住していた。このようななかにポルトガルが参入することは、あまり難しくはなかったであろう。少なくとも、地中海にアジア人が来ることと比較すると、じつに簡単なことであったに違いない。

むろん、公的なネットワークを軽んじてはいけないが、非公式のネットワークが、きわめて大きな役割を果たしていたのである。ポルトガルは、英蘭の東インド会社のような国家のバックアップを受けた巨大な会社は所有していなかった。しかしポルトガル商人は、新世界からアジアまで、自由に航海し、貿易していたのである。

国家としてのポルトガルが、西欧列強との競争に敗れて衰退したことはたしかであるが、それがポルトガル人に決定的なダメージを与えたわけではない。ポルトガルは、オランダと香料諸島（モルッカ諸島）をめぐる争いで敗北したけれども、ポルトガル人はアジア人のネットワークのなかに深く入り込んでいくことができたからである。

インドネシアのチモール島においても、インドネシア全体はオランダの影響力が強く、その中でチモール島はイギリスの影響力が強いという複雑な状況であったのにもかかわらず、ポルトガルの代理人が活躍していた。彼らは一人一人が独立して働き、貿易ネットワークを維持していたのである。

ポルトガル国王が貿易を独占していた商品は、香辛料、金と銀であった。しかし、香辛料の貿易にも私貿易（会社とは別に貿易をする）商人が加わっていた。香辛料において、ポルトガル王室が扱うのは全体の六〇パーセントにすぎず、残りの四〇パーセントは、商人が扱っていた。

南シナ海で活動していた中国人と、日本人の倭寇《わこう》の仲介者として働いたのも、ポルトガル人であった。

ポルトガルの対外進出を支えた新キリスト教徒

一五八〇年から一六四〇年まで、ポルトガルはスペインに併合されていた。そのためこの間に、アジアにおけるイベリア半島の勢力は大きく拡大した。イエズス会の活動はいうまでもなく、さまざまな商業活動においても、二国の協力が進んだのである。

ポルトガルの対外進出を支えた人々は、新キリスト教徒、すなわち、スペイン統一後、ユダヤ教徒からキリスト教徒に転向した人々ないしその子孫であった。しかし実際には、彼らの多くは、以前からの宗教であるユダヤ教を信仰していた。

新キリスト教徒は、アジアにおける活動を急速に増大させていった。ポルトガル国王はゴアで異端審問をおこなったが、アジアのみならず他のポルトガル領においても、新キリスト教徒は増えていった。ポルトガル王室の権力とは関係なく、自発的なネットワークを利用して移住した人が多かったためである。インドに行けば本国にいるよりも金持ちになれると信じて、多くの人が海を渡った。そのなかには多数の新キリスト教徒が含まれていた。彼らは、私貿易商人として活躍したのである。

アジアと新世界を結びつけたポルトガル商人

比較的最近まで、十七世紀中頃になると、ポルトガル王室はアジアではなく、ブラジルを重視するようになったといわれてきた。しかし現実には、この二地域の紐帯《ちゅうたい》はむしろ強化されるようになる。リマ、バイーア、ポルト・ベロ、カルタヘナ、セビーリャ、リスボン、アムステルダム、アントウェルペン、ゴア、カルカッタ、マラッカ、マニラなどに血縁関係者が居住し、一つのネットワークを形成するようになった。すなわち、イベリア半島、ラテンアメリカ、アジアにまたがる巨大なネットワークが形成されたのである。

スペイン・ハプスブルク家の支配下において、新キリスト教徒の貿易網は大西洋に広がり、ブラジル、ペルー、メキシコにおよんだ。そして、そのネットワークが、ポルトガル人が住むマカオとマニラのネットワークと結びついたのである。ポルトガルの新キリスト教徒は、ヨーロッパ、大西洋、アジアを一つの貿易網として結合する点で、大きな役割を果たしたのである。

さらに、一六九〇年代にブラジルで金山が発見されると、ブラジル―リスボン間

地図11　ポルトガルの航海ルート

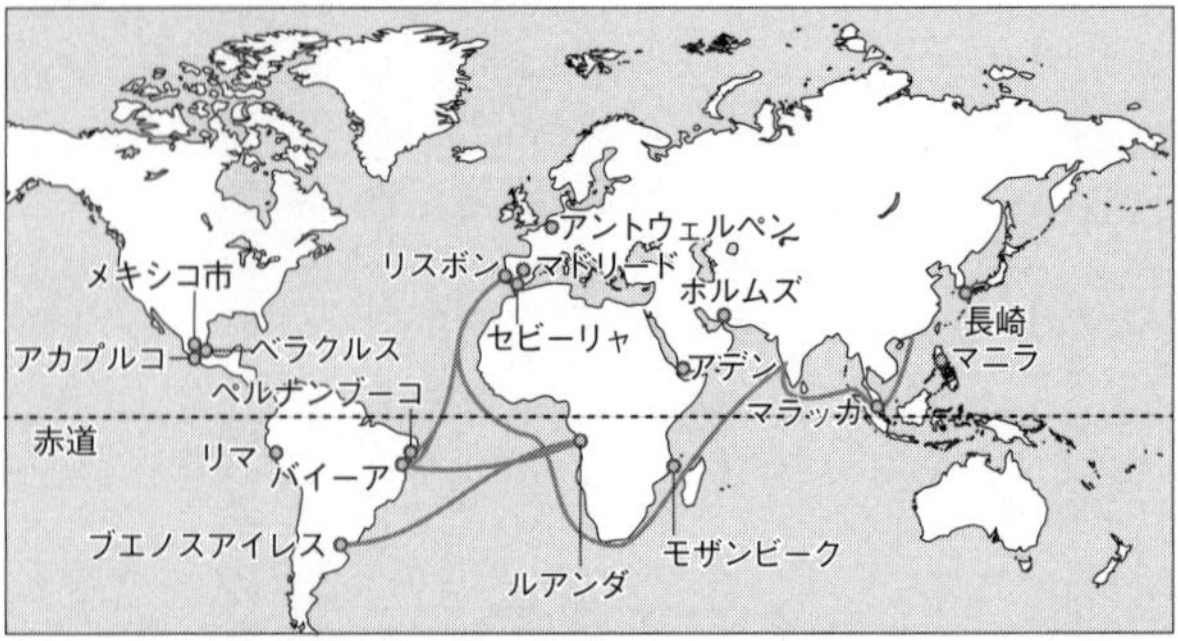

出典：S. Subrahmanyam, *The Portuguese Empire in Asia, 1500-1700*, second edition, Singapore, 2012, p. 327から作成

の貿易が発展した。ポルトガルのイギリスとの貿易赤字は、ブラジルから輸入される金によって補塡《ほてん》されるようになった。この金は、イギリスの金本位制に大きく役立つことになる。

一六九二年に出された指令により、ポルトガル船がインドからブラジル北東部のバイーアに立ち寄り、そしてブラジルからリスボンに帰国するようになった。一六九七年から一七一二年のあいだにリスボンからアジアに向かった三九隻の船のうち二二隻が、バイーアに停泊してからリスボンに帰港した。そして、ブラジルの金と交換するために、アジアでインド綿、中国製の陶磁器と絹が購入された。

一五八〇年代までに、ポルトガル人は、インド綿を、北アフリカとレヴァントに送っていた。西アフリカにおいて、ポルトガル人は、インドのグジャラート州、シンド州（現パキスタン）で購入した低品質の織物を販売しはじめ、奴隷と交換した。

その利益額は大きく、奴隷は、ブラジルでは西アフリカで購入した五倍の、カリブ海とメキシコの市場では八倍の価格で売られた。

綿は、東南アジアでは、香辛料を購入するための媒介として使用された。さらに、ポルトガル人は、金と象牙と引き換えに、西アフリカで、イングランドとフランドルのリネンを販売しはじめた。十六世紀後半には、ヨーロッパ人は、ヨーロッパとアジアの両方から西アフリカに布地を運ぶようになったのである。

綿を基軸として、大西洋とインド洋、さらには東南アジアがつながった。それはおそらく緩やかな絆でしかなかったが、それが、ポルトガル人によって結ばれたことは特筆に値しよう。

とりわけ重要なのは、十七世紀後半から十八世紀にかけて、アジア―ブラジル―アジアという直接交易が、ポルトガル国王の許可によりおこなわれるようになったことである。

ブラジルには、金以外にもアジアで購入される商品を輸出していた。嗅ぎタバコと砂糖が、ゴアとマカオで売られたのである。これらの交易により、十八世紀になっても、なおポルトガル商人はアジアばかりか大西洋での貿易でも活躍を続けた。

ポルトガル商人は、アジアと新世界を結びつけたのである。

それに対しアジアの商人は、決して喜望峰を越えてヨーロッパや大西洋に進出することはなかった。

それが、ヨーロッパ商人とアジア商人の決定的な相違であった。

第八章

東インド会社は何をおこなったのか

英蘭の東インド会社

イギリスの東インド会社は一六〇〇年に、オランダの東インド会社は一六〇二年に創設された。オランダにはそれ以前から東インドと貿易をおこなう会社がいくつもあったが、イギリスに対抗するためそれらを統合し、東インド会社――正式には連合東インド会社――をつくった。

東インドはヨーロッパから遠すぎて、何か問題が生じたときにいちいち本国に問い合わせていては間に合わない。そこで、一種の国家のようなものをつくり、軍隊によって商業活動を保護し、交易を促進させようとしたのである。両国の東インド会社ができあがったのは、そのためである。どちらの会社も軍隊をもち、本国からの指令を受けるものの、本国の本部に相談せず、独自の行動をとることができた。

現在の欧米の経済史家は、政府が軍事力を用いて商業活動を円滑に営めるようにしたことについての研究を、さかんにおこなっている。一般に知られている経済学では、完全競争市場が前提とされており、市場メカニズムを乱すような外界からの妨害は存在しない。しかし、現実の世界は、さまざまなものが市場の健全な働きをさまたげる。

たとえば、中世のヨーロッパでは、商人は取引のために移動する際、海賊などによる略奪から自分たちで身を守るか、誰かに守ってもらうための費用（保護費用）の出費を余儀なくされた。このような出費は、「保護レント（protection rent）」と呼ばれる。イギリスにせよオランダにせよ、東インド会社が商人の保護をおこなったため、彼地《かのち》の商人たちは保護レントの支払いをかなりの程度免れ、商人は安心して取引ができたと考えられる。このようなシステムを創出したことが、英蘭の東インド会社の大きな特徴であった。

一六二三年、オランダ人がイギリス商館員を殺害するというアンボン（アンボイナ）事件が起こった。それからしばらくして、イギリスは東南アジアから撤退し、インドをアジアの貿易の根拠地とするようになる。以降、オランダはインドネシアを、イギリスはインドを中心に活動するようになる。

当初、ヨーロッパからアジアに輸出できるものはほとんどなく、英蘭以外の国がアジアとの交易に参入することは難しかった。ゆえに英蘭の東インド会社は、アジアからの輸入品を独占することになった。十七世紀においてアジアからの輸入品としてもっとも重要だったのは、香辛料であり、代わりに英蘭からは武器などが輸出された。

中世であれば、香辛料はモルッカ諸島からインド洋をへて、紅海を通りアレクサンドリアに送られ、そこからイタリア商人がイタリアまで運び、ヨーロッパ全体に輸送していた。

それが、英蘭の東インド会社ができたことで、十七世紀になると、少なくとも少しずつ、アジアにおいてヨーロッパの船舶が輸送を担うようになっていったのである。アジアの物流は、次第にヨーロッパ人の手中に収められるようになった。それは決して軍事的成功の結果だけではなかった。

英蘭の東インド会社はどこが革新的だったのか

アジアに最初に到来したヨーロッパ人は、ポルトガル人であった。しかし彼らは巨大な会社をつくらず、国家が商業活動を保護することはなかった。

それに対し英蘭の東インド会社の革新性は、巨大な会社組織によって、ヨーロッパから遠く離れた地域にいる商人の活動を保護した点にあることは間違いない。

しかし、それ以外にも二つの重要な革新があった。一つは、私貿易商人の活動により、アジア域内での貿易を拡大したことである。それはまた、英蘭の前にアジアに進出していたポルトガル商人との協力関係の強化を意味した。英蘭が、ポルトガルの商人を駆逐することはなかった。国家の枠を超えた商人のネットワークは、きわめて強力だったのである。

二つ目に、現地の商人、とりわけアルメニア人と協同し、陸と海の貿易網を接合し、より大きな貿易網を形成した点にある。アルメニア人は、ユーラシア大陸全体で活躍した国家なき商業の民である。ヨーロッパ人は、彼らとの協力なしには、アジアに進出することはできなかった。

また、英蘭のどちらの東インド会社も、従業員は会社での貿易以外に、アジア域内で私的におこなう貿易、すなわち私貿易に従事することが許されていた。通常私貿易は会社での事業よりも儲かり、この私貿易での利益を求めて、イギリスやオランダの東インド会社で働いた人間も少なくなかった。もしかしたら多くの社員にとってそれが主目的だったかもしれない。

本来、商人は独力でもインドまで赴《おもむ》き、貿易をする能力はあったものと推測される。だが英蘭の東インド会社は、喜望峰以東の貿易の独占権を国家から付与されており、現実的に、それを無視することは得策ではなかった。したがって商人は、東インド会社の従業員となり、アジアで独自の貿易を続ける方が賢明だと考えたのであろう。

それは、結局ポルトガルにはできなかったことであった。ポルトガルの場合、このような会社はなく、アジアに到着した商人は、商人独自のネットワークを形成して活動することになった。

オランダ東インド会社の場合、十八世紀になると約二万人の従業員がいた。時代が下るとともに、オランダ人ではなく、ドイツ人の比率が増えた。当時ドイツ人は、かなり劣悪な状況での労働を余儀なくされており、この会社は、いわばドイツ貧民の救済機関となった。多くのドイツ人が、インドネシアに向かい、そこで働き、この地で没した。一見、無謀な試みに思われるかもしれないが、このような貧民はヨーロッパにいても将来は不安定であり、死亡率は高かったのだから、彼らの行動は決して非合理的ではなかった。

また、英蘭どちらの東インド会社も、アジアとの貿易を独占するばかりか、領土経営にも従事していた。

やがて、イギリスとの競争に敗れたため、オランダ東インド会社は、十八世紀末に解散した。イギリス東インド会社が解散したのは、一八五七年のことであった。その後、インドは本国政府が直接統治するようになった。これは蒸気船と電信の発展により、東インド会社がなくても、イギリス本国はアジアを直接統治できるようになったためだと解釈すべきである。

英蘭の東インド会社の組織は現在の目から見ると穴だらけであり、いたるところに綻《ほころ》びが見られた。その意図がすべての従業員に浸透できるほどの体制になっていなかった。従業員と現地人が協力して商売したことが、東インド会社の利益に反することもあったかもしれない。

本国からの命令に背《そむ》くことも簡単であった。会社の命令を従業員が遵守《じゅんしゅ》するかどうかは、彼らの自主性にまかされる部分が多かった。国家の力は、まだまだ弱かったのである。

このような状況のなか、十八世紀初頭には、イギリス東インド会社はインド産の綿織物であるキャラコを、イギリスに輸出するようになった。インド・キャラコは、多くの西欧の国々に受け入れられるようになった。

アジアにおけるポルトガル人の重要性

ポルトガル国家の力はあまり強くはなかったが、アジアにおけるポルトガル商人の勢力は、十八世紀になってもなお強かった。

十八世紀第二・四半期になっても、インドネシアのバタヴィアにおいて、ポルトガル商人は香辛料を購入していた。さらに、マカオのポルトガル人は、インド市場において、国家の枠を超えてイギリス東インド会社やイギリス人のカントリー・トレーダー（アジア内部の交易に従事する商人）と密接な関係にあった。

十八世紀のアジアでは、イギリス東インド会社が徐々にオランダ東インド会社に取って代わるようになった。そのなかでポルトガル商人は、私貿易商人として生き延びるようになった。

ポルトガル人は、アジアの金貸しを利用して商売をした。彼らの資本は、ポルトガル人がアジアで商売を続けていくのに不可欠なものであった。日本での活動と矛盾するように思われるが、十七世紀から十八世紀前半のポルトガル商人は、宗教にあまりとらわれずに活動したといわれる。彼らのカトリックの布教者としての役割は、決して大きくはなかったのである。したがって、中国商人、他のヨーロッパ人、さらにはアルメニア人とも取引をした。

中国におけるポルトガル人の商業活動は、アジアの海上貿易の発展に大きな貢献をした。彼らは中国や日本を結ぶ中間商人として活躍した。日本と新世界の銀が、マニラを経由し、中国に到達した。そのため明代後期の中国、とりわけ広州の貿易が大きく刺激された。ゴアを中心としたポルトガル領インドから来たマカオのカントリー・トレーダーは、マニラの市場とインドとを接合した。これは、アジアの貿易の新しい軸が生まれたことを意味した。

ポルトガルはこのように、アジアでの交易において、大きな影響力をもったのである。

ただし、長期的にはポルトガル商人の役割は徐々に縮小し、オランダ商人やイギリス商人の勢力が拡大していったであろう。それは、ヨーロッパにおける、国家の勢力の拡大と軌《き》を一《いつ》にしていた。とはいえ、ポルトガルのような小国にとっては、アジアで自国商人が活躍するだけで、十分な市場がえられたのかもしれない。これは、小国ならではのニッチ市場といえよう。十七世紀の終わり頃に、ポルトガル商人は、英仏の東インド会社と協同して貿易をしていた。どちらの東インド会社も、商業的には、ポルトガルと敵対する必要はなかったからである。

ポルトガルの商人は、国家の意向とは関係なく、自分たちで海外に乗り出していった。たしかにイエズス会のような公的な組織が、布教活動をしていたのは事実である。しかし、それと同時に、宗教にとらわれず、利潤の獲得を求めてアジアにまで赴いた商人もいた。後者が、アジアのすみずみに進出し、宗派の壁を超えた貿易活動を担ったのである。

アルメニア人とイギリス東インド会社との協力関係

アルメニア王国は、三〇一年に世界で初めてキリスト教を国教としたことで知られる。現在、アルメニア正教徒は約五〇〇〇万人と推定されている。

地図12　アルメニア付近

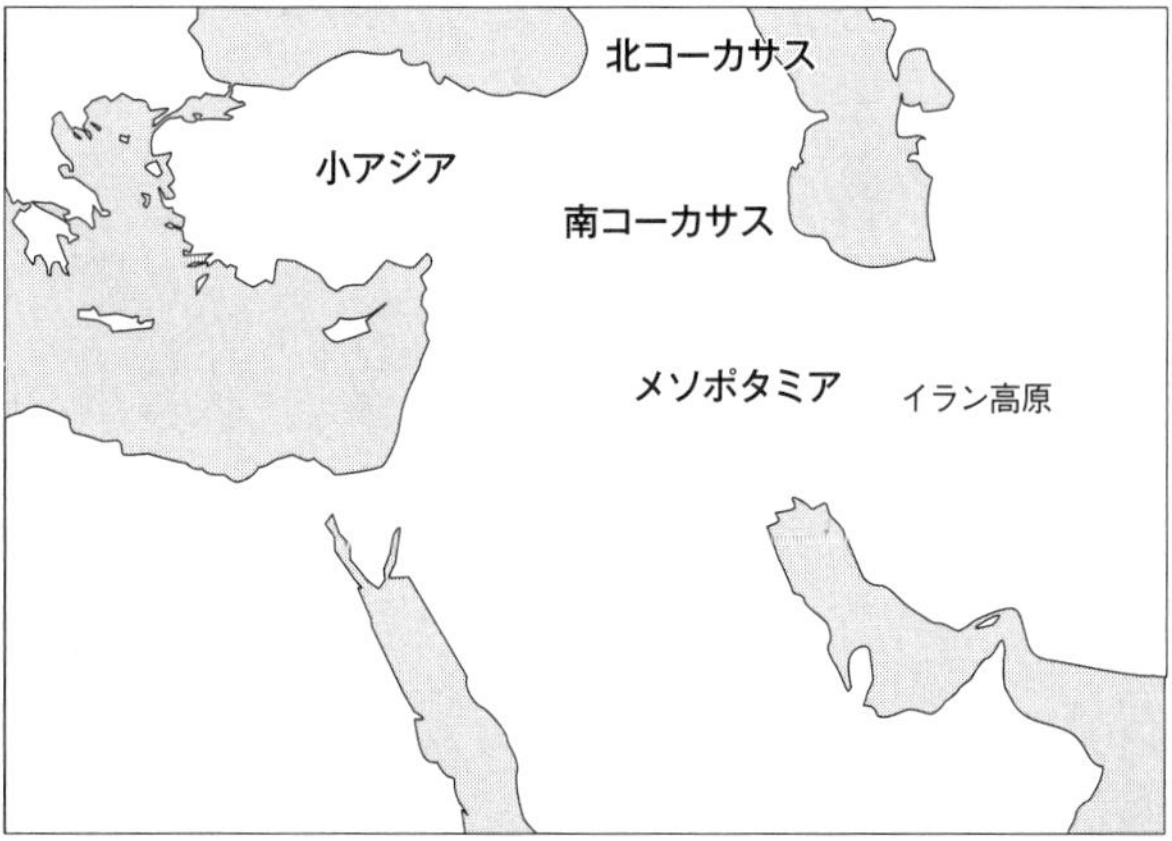

彼らの領土は、長い歴史のあいだに、何度も大きく変わった。しかし一般に「アルメニア」の領域として考えられている地域は、西は小アジアの高原まで、東はイラン高原まで、北は南コーカサスの平原、南と南東はメソポタミアまで広がっている。

この地は交通の要衝《ようしょう》であり、アジアからヨーロッパへ人々が陸路で移動するときに、必ずといってよいほど通らなければならなかった地域である。したがって、彼らはしばしば通訳として活躍した。また彼らと取引関係をもつことは、ロシアから東南アジアに至る彼らの商業ネットワークを利用することを意味し、きわめて重要であった。

一六〇六年には、サファヴィー朝ペルシアのアッバース一世によって、イスファハーン郊外に新ジュルファーが建設され、一五万人以上のアルメニア人が、旧ジュルファーからここに移住した（第十一章で詳述）。

アルメニア人は国家なき民であったが、十七世紀になるとイランの新ジュルファーを根拠地として、主として陸上貿易で活躍した。ヴァスコ・ダ・ガマがインドに到着し、十六世紀以降インド洋がポルトガル人の海になってから、陸上交易はすたれたように思われがちであるが、現実にはアルメニア人を中心とした陸上交易が活発におこなわれていたのである。たとえば、イギリス東インド会社はアルメニア商人とパートナーシップを結び、サファヴィー朝ペルシアと交易をおこなった。イギリス東インド会社は、現地の言葉、習慣、統治機構についてよく知っているアルメニア人を利用したのである。

イギリス東インド会社は巨大とはいえ、会社組織である。それに対しアルメニア人の商業組織は、ほとんど個人事業主と変わらない規模であるが、会社組織とみなしえたであろう。したがって会社間のパートナーシップ経営ができたものと思われる。

アルメニア人は、十八世紀に至るまで、イギリスのために、ムガル帝国とサファヴィー朝との外交と金融面での交渉で重要な役割を果たした。ヨーロッパ諸国との取引の発展は、ムスリムであるトルコ人よりもアルメニア人の方がはるかに有利であった。

イギリスは、東南アジアからインドに拠点を移したからこそ、アルメニア人の商業ネットワークを利用することができたのである。

軍事力だけで制圧したわけではない

本書で見てきたように、インド洋にせよ東南アジアの海にせよ、さまざまな宗派の商人がいたとはいえ、長らくムスリム商人がもっとも強い勢力をもっていた。

ところが、まずポルトガル商人、ついでオランダ商人やイギリス商人によって、これらの海の物流は、ヨーロッパ商人が担うようになっていった。十七世紀には東南アジアからの香辛料、十八世紀にはインドからの綿が、ヨーロッパ商人——前者はオランダ人、後者はイギリス人——によって輸送されるようになった。さらにインドと中国の茶も、ヨーロッパ船で運ばれるようになった。

また、東南アジア内部の貿易でも、ヨーロッパ船の比率が高まっていった。アジアの物流システムは、徐々にヨーロッパ人の手中に収められるようになっていったのである。しかしそれは、ヨーロッパ人とアジア人が敵対関係になって、ヨーロッパ人が勝っていったからではない。

大航海時代を経験したヨーロッパ人は、アジア人よりも航海技術にすぐれていたであろう。アジア人は、喜望峰をまわってヨーロッパまで航海したことはなかった。ヨーロッパ人は羅針盤を用いて、遠距離を航海した。また、中国が海禁政策をとったため、競争相手がいなくなったことも、中国の航海技術が発展しなかった理由として考えられよう。

いずれにせよ軍事技術がすぐれており、戦争に勝っていったことで物流システムを変革したわけではなかったのである。

物流システムは、国家から自立した商人によって大きく変革されたのである。

第九章 オランダはなぜ世界で最初のヘゲモニー国家になれたのか

バルト海貿易は「母なる貿易」

ヘゲモニー国家とは、歴史学の用語としてしばしば登場する言葉である。これは通常、「もっとも強力な国家」という意味で使われる。経済面に限定するなら、もっとも強力な経済力をもった国ということになる。ところで、「もっとも強力」とは、具体的にはどういうことなのか。

一言でいうなら、経済面で、何が正しいのかを決めることができる国家こそ、ヘゲモニー国家といえよう。その最初の国家こそ、オランダであった。すなわち、ヨーロッパ全体の取引において、オランダの方法がスタンダードになったのである。ある国がオランダの意向に反した場合、必要な物資を供給されない可能性が生じるなど、経済的には大きなマイナス要因となった。オランダ以前には、そこまで大きな力をもつ国家はヨーロッパには現れなかった。オランダは、ヨーロッパのあちこちに商品を輸送し、ヨーロッパの物流の中心となった。

では、オランダ経済にとってもっとも大切なものは何だったのだろうか。

それは、バルト海地方との海運業であった。バルト海地方から輸入される穀物、さらには海運資材をヨーロッパ各地に運搬することで、オランダは巨額の利益をえて、ヨーロッパの物流の中心になったのである。オランダの物流システムが機能しなければ、ヨーロッパ経済の活動はかなりさまたげられたことであろう。

穀物がなければ人々は生きていくのは難しい。また、バルト海地方の海運資材を使用することで、ヨーロッパ諸国は船舶を建造し、さまざまな地域に進出していったのである。

とはいえ一般には、アジアとの貿易の方が、オランダ経済にとって重要だと思われているだろう。オランダは、たしかにアジアから香辛料を輸入したし、アジアに武器を輸出していた。

しかしながら、アジアとの貿易はコストがかかり、また船が難破することも多くてリスクが高く、安定した利益をオランダに提供することは不可能であった。それに対しバルト海地方との貿易は、オランダに確実な利益をもたらしたのである。

そのためバルト海貿易は、オランダの「母なる貿易」と呼ばれているのである。

ヨーロッパの人口増

十六世紀後半から十七世紀中頃にかけ、ヨーロッパ全土で人口がかなり増大したことは、現在では比較的広く知られるようになった事実である。人口増のため、農作物価格が工業製品の価格以上のスピードで上昇した。

一五〇〇年頃に八一〇〇万人であったヨーロッパの人口は、一六〇〇年頃には約一億四〇〇〇万人に達した。百年間で、およそ二八パーセントの人口増である。この程度の人口増であれば、こんにちの感覚では、あまり大した増大ではない。しかし食料生産性が非常に低い近世においては、大幅な人口増といって過言ではあるまい。たとえ人口がいくら増大したとしても、それにともなって食料生産が増大すれば、食料価格は上昇しない。しかし食料供給がとどこおり、食料不足が生じると深刻な問題となる。

ヨーロッパ全体の小麦価格は、十六世紀に突入する頃から上昇しはじめ、金に換算した場合、一六〇〇年頃に頂点に達した。そして、銀に換算した場合の穀物価格は、地中海地方においては同じく一六〇〇年頃に最高になった。

食料不足は、程度の差はあれ、ヨーロッパ全土で見られた。地域による差異を知ることは、残念ながら困難である。それでもなお、ほぼ確実にいえるのは、地中海諸国の食料不足が深刻であったことである。

その要因は、地中海地方は元来食料の自給自足が可能であったが、十六世紀末になるとそれが不可能になったこと、さらには、オスマン帝国でも食料は自給自足できなくなり、輸入が増えたことである。

十六世紀末になると、地中海全域に食料不足が発生していた。そのため当時のイタリア商人は、外国船によって、穀物を輸入しなければならなかった。イタリアの貿易都市ジェノヴァ、ヴェネツィア、リヴォルノは、穀物を大量に輸出していたポーランドのダンツィヒ（グダンスク）と定期的な事業関係を結んだ。

一五七〇年頃から、地中海にオランダ船が進入してきた。史料としてもっともよく残っているのが、リヴォルノ港に入港する船舶数である。リヴォルノは自由港であり、外国商人の活動に税金がかからず、外国の商人に使いやすい施設を提供したために発展した。そして十六世紀末になると、ポーランド産と推測される穀物が、オランダ船によって輸入されるようになった。

地中海の食料不足に関しては、たとえば、クリストフ・グラマンというデンマークの歴史家は、こう述べた。「十六世紀後半、地中海地方は、必需品のある部分について、ますます外部に依存するようになっていった。この時期においては、西地中海の穀物状況は悪化していった。飢饉と飢えが地中海諸都市を襲った」（K.

Glamann, "European Trade 1500-1700", in C.M. Cipolla (ed.), *The Fontana Economic History of Europe*, Vol. II, Glasgow, 1972, p.72)

そして、穀物の輸入にオランダ船が使用されたことで、バルト海地方に加え、地中海の物流もオランダが担うようになっていった。

オランダの覇権をもたらした穀物輸送

人口増大とともに、都市の成長が起こった。表5に見られるように、人口四万人以上の都市の数は、十六世紀初頭には二六であったのが、十七世紀の転換期には四二になり、十七世紀末には四七にまで上昇した。

十六世紀初頭には、人口二〇万〜四〇万人の都市はなかったが、十七世紀初頭には三都市が出現している。

さらに、十七世紀末には、人口四〇万人以上の都市さえ現れている。このように、都市の数が増加し、都市の住民数、都市の住民比率が増えた。そのため農作物の生産をせず、その消費のみをおこなう人々の数と比率も増大した。こういった状況が、どういう経済変動をもたらしたのかを考えてみよう。

単純にいえば、全ヨーロッパ的な都市数・都市人口の増大があったのだから、農作物輸送の必要性が急速に増したはずなのである。

表5　人口4万人以上のヨーロッパ都市数

人口	16世紀初頭	16世紀末から17世紀初頭	17世紀末
40万人以上	0	0	3
20-40万人	0	3	1
15-20万人	3	3	1
10-15万人	2	6	7
6-10万人	5	10	14
4-6万人	16	20	21

出典：J. Mols, "Population in Europe 1500-1700", in Carlo M.Cipolla (ed.), *The Fontana Economic History of Europe*, Vol. II: *Sixteenth and Seventeenth Centuries*, Glasgow, 1970, p.32f.

このような時代においては、穀物の輸送を確保することの重要性は、改めて指摘するまでもない。

当時のバルト海地方の経済的中心であったポーランドは、ヨーロッパ随一の穀倉地帯であった。また、ポーランドの土壌の生産性は低かったけれども、ポーランドでは貴族層シュラフタの勢力が非常に強く、彼らは穀物輸出によって巨額の利益をえていたため、穀物の余剰を外国に販売することができた。一五五〇年代から一六六〇年代にかけて、ポーランドの穀物は、西欧の人々にとって欠かせないものとなった。

その穀物の多くは、エーアソン海峡を航行する船舶に載せられ、オランダのアムステルダムに輸出された。さらにそこから、ヨーロッパ諸地域にオランダ船で輸送されたのである。おそらくアムステルダムで、穀物をどこに運ぶべきか、指示されたのであろう。それを担ったのがオランダの商人であった。この頃、オランダの船舶は、ヨーロッパの船舶全体の半分から三分の二を占めていたといわれ、穀物だけではなく、多くの商品で、オランダはヨーロッパ世界の物流の中心になった。

オランダにとってバルト海地方の穀物貿易は、一五四〇年から一六五〇年には、「拡張の時代」を迎えた。それは、オランダ経済の黄金時代でもあった。

オランダにおける穀物貿易については、次の言葉が端的にその重要性を表す。

穀物貿易は、オランダの食料供給と労働市場にとって直接重要であった。それに加えて、オランダ以外の地域にまで影響を与え、オランダ商人が利益を獲得するために巨額の資金を投資することを可能にした。……通常、この部門の利益は、奢侈品の売買への投資による目もくらむほどの利益とは比べものにならないほど低かった。しかし、穀物貿易による利益は毎年毎年、さらには商人の世代が変わっても流入した。この貿易は、多くの投資家が金を獲得する機会を提供した。しかも、数百年にわたる長期間にわたって、これは変わることなく続いた。穀物貿易の影響は、ありとあらゆる部門に及んだ。だからこそ、たとえこの一事をもってしても、近世オランダ経済の根幹をなしたとみなされるのは当然のことなのである（ミルヤ・ファン・ティールホフ著、玉木俊明・山本大丙訳『近世貿易の誕生——オランダの「母なる貿易」』知泉書館、二〇〇五年、四頁)。

ヨーロッパの森林資源枯渇

これまで述べたように、食料危機は、人口増と都市化のために発生した。そして人口の増大はまた、エネルギーの供給源(工業用の原料および燃料)である森林資源の枯渇をもたらしたのである。

人口増のため、エネルギー消費量は増大し、そのためヨーロッパの森林資源は減少していった。たとえば、イタリアのロンバルディアでは、都市以外の地域においてさえ、樹木が土地全体に占める割合は、一五五五年にはわずか九パーセントにすぎなくなっていた。フランスにおいては、一五〇〇年頃には、森林地が全体の三三パーセントを占めていたのが、一六五〇年頃には二五パーセントに減少していた。さらに、森林の質も目に見えて悪化していき、樹齢の古い森林資源はどんどん切り倒されていったのである。

イタリア海運業は、中世後期から近世にかけて、目覚しい発展を遂げた。しかしそれも、海運資材の主要な原料である木材の枯渇をもたらした。そもそも燃料として使われるのは雑木であり、造船で用いられるかし材などとは種類を異にしているが、すでに十六世紀のうちに、ヴェネツィアで造船用のかし林の破壊が続くのを嘆く声が聞かれた。ヴェネツィアの後背地で森林資源が枯渇しても、ヴェネツィアの私営の造船業主は、近隣地域に船材のための十分な森林資源を見いだすことはできなかった。

第六章でも述べたが、こんにちでも、地中海では山々にいくつもの家が建っている姿を見ることができる。それは一種の自然破壊であり、海運資材をもたらす森林を切り倒して家を立てていったのである。

十七世紀の終わり頃になっても、ヴェネツィアの造船業は回復しなかった。造船のための資材を見つけることはますます困難になり、ヴェネツィアにおける船舶建造の費用は四倍になり、ヴェネツィアの貿易であるにもかかわらず、ヴェネツィア製ではない船舶の割合が増えていった。そのためヴェネツィアは、海運業において、危機的状況に立たされていたのである。

そして北ヨーロッパの船が、どんどん地中海に進入していった。そのなかで最大の割合を占めたのは、最初はオランダ船であったと考えられる。

穀物の時代から原材料の時代へ

十六世紀後半から十七世紀前半にかけ、バルト海地方の経済的中心であったポーランドは、ヨーロッパ随一の穀倉地帯であった。バルト海地方が輸出することができた穀物は、たった七五万人程度の人々を養うほどにすぎなかった。それでも、地中海沿岸地域にとっては非常に重要な輸入品であった。

穀物に加えて、バルト海地方には非常に多くの森林資源が残されており、この地域は、十六世紀後半からヨーロッパ最大の木材供給地域となり、かつ船舶の目張りに使われるピッチ、タール、ロープや帆に使用される亜麻、麻、錨《いかり》に使われる鉄などの海運資材の供給地域でもあった。バルト海地方の森林資源は、ヨーロッパの対外的拡張のために必要不可欠であった。

ポーランド人の歴史家マリア・ボグツカの見解では、一五五〇年代から一六六〇年代にかけ、ポーランドの穀物は、西欧の人々が生存していくために不可欠な商品であり、バルト海貿易におけるこのような「穀物の時代」は、十七世紀中頃まで続いた。一六〇〇年頃を境として、木材価格の上昇スピードが穀物のそれを上回るようになるが、それでも十七世紀半ばまでは、穀物の方が重要であった。そして十七世紀後半から十八世紀にかけて、西欧と南欧の食料事情は急速に改善され、バルト海地方の穀物への需要は減少した。この時代は、「原材料の時代」と呼ばれる。

オランダがヨーロッパ最大の経済大国として台頭した背景には、以上のように、まずバルト海地方との穀物貿易、続いて海運資材の輸入があったのである。

バルト海地方との貿易で使われたオランダの「フライト船」

一四九七年から一六六〇年にかけて、四〇万隻以上の船舶がエーアソン海峡を航行しており、バルト海とそれ以外の地域との輸送に従事した。そのうち約六割が、オランダから来た船であった。

オランダがバルト海貿易で使用していた船舶は、フライト船と呼ばれる非武装商船で、輸送コストが桁外れに低かった。さまざまな国が、フライト船に輸送をゆだねたことがそれを示している。フライト船の積載スペースはほぼ正方形であった。そのため積載量は多く、しかも船の重量は軽かった。

穀物の時代から原材料の時代になると、バルト海地方との貿易で使用されるオランダ船の比率は低下した。一六六一～一七八〇年の、エーアソン海峡航行船舶数は四一万三〇〇〇隻であり、オランダ船の比率は三四パーセントと大きく低下する。

だがオランダは、ヨーロッパの対外進出に必要な海運資材を、さまざまな国に輸送した。オランダの物流システムがなければ、ヨーロッパは、ヨーロッパ外世界への進出ができなかったのである。ヨーロッパの世界支配は、十八世紀末までは、オランダの物流システムに大きく依存していたといえる。

第十章 パクス・ブリタニカはなぜ実現したのか

世界最大の帝国になったイギリス

オランダについで、世界史上二番目にヘゲモニー国家になったのは、イギリスであった。イギリスはパクス・ブリタニカ、直訳すれば「イギリスの平和」をもたらした。

しかし、実際にはこの言葉は、イギリスがもたらした平和ではなく、ヴィクトリア女王の時代（在位　一八三七〜一九〇一年）に、イギリスが世界中に植民地をもつ大帝国になったことを表すことが多い。地図13に見られるように、イギリスの植民地はじつに広大であり、「日の没することなき」帝国となった。これこそ、パクス・ブリタニカの実像を示す。

イギリスは、世界最大の艦隊をもつことで、パクス・ブリタニカを維持した。そして、この艦隊によって、世界の平和が維持された。だが、軍事力によってのみ維持されたわけではない。

地図13　19世紀末のイギリス帝国地図

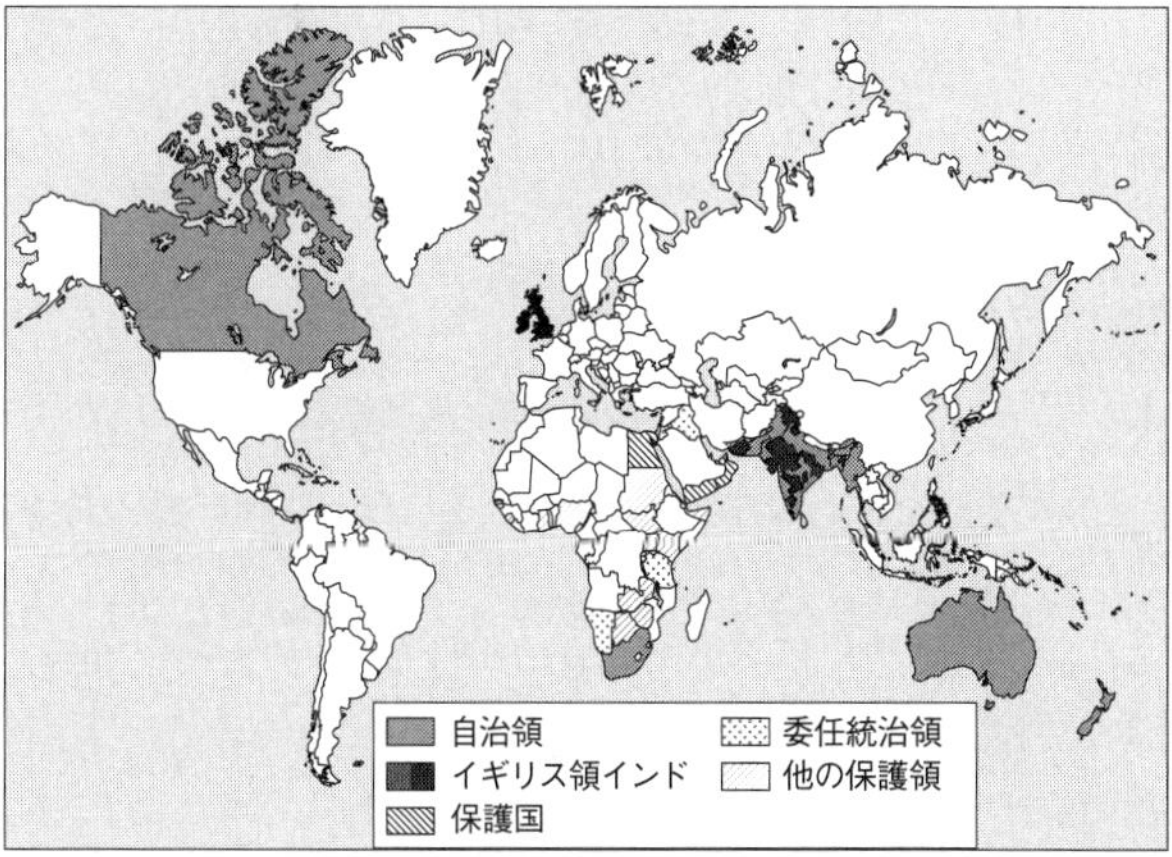

イギリスの勢力下にあったのは植民地や自治領だけでなく、政治的には植民地ではないが、経済的には植民地同然であるという地域もあった。中国やラテンアメリカが、それに該当する。それらは、イギリスの政治的支配に属した文字通りの植民地＝「公式帝国」ではなく、植民地にはならなかったが実質的にイギリスの支配を受け入れたという意味で、「非公式帝国」と呼ばれる。

他の欧米諸国も、イギリスほどではないが、植民地をもった。やがてそれには、日本も加わった。しかし、イギリス以外の国が、「非公式帝国」をもつことはなかった。

これは、一体なぜなのだろうか。

それは、イギリスが世界の物流の支配者であったからである。パクス・ブリタニカと呼ばれる時代にイギリスは世界中に艦隊を送っただけではなく、商船隊を送って、イギリス「帝国」を維持したのだ。

イギリスはたしかに、世界最大の海軍を有した。しかし、イギリス帝国は、決して軍事的に維持するために必要であった。それは、世界に広がる帝国を軍ってのみ拡大したわけではない。イギリスが世界最大の商船隊を有し、グローバリゼーションが進む十九世紀に、世界中の品物を輸送したということこそ、われわれが関心を向けるべき重要な事実である。

一般的に、イギリスは十八世紀後半に起こった産業革命によって世界経済の中心になったとされる。だが、イギリスの経済力が強くなったのはむしろ十九世紀後半のことであり、それは、かなりの程度、グローバリゼーションが進み、イギリスの蒸気船により、世界の商品が輸送され、人々が移動したからである。イギリスの蒸気船がなければ、世界経済は機能しなかった。

イギリスは、世界の商品輸送者であった。しかし、一朝一夕《いっちょういっせき》にそれが実現したわけではなかった。一八二〇年の段階で、ブラジル―イギリス間の帆船での航海日数は六十二日、一八七二年になると、蒸気船を使って、十八日へと短縮された。このように航海日数の大幅な短縮には、半世紀以上の歳月が必要だったのである。

「もっとも賢明な政策」航海法の制定

近世のヨーロッパにおいては、輸送費がきわめて高く、中継貿易による収入が非常に大きかったことは、しばしば見逃される事実である。このことの重要性は、いくら強調してもしすぎることはない。

いくつかの国が、オランダの輸送料収入を減らし、自国のそれを増大させるため、保護海運業政策をとった。その中でも一国だけ、オランダに対抗するために、輸送コストが低い船舶を建造し、オランダ人の手中にあったヨーロッパの物流システムを、自国を中心とするシステムへと転換することで、経済力を高めることに成功した国があった。

それは、イギリスである。オランダによって、イギリスは、海運業を支配し、物流をコントロールすることの重要性に気づいた。

イギリスは、オランダに対抗するため、海運業を重視する政策をとり、それに成功した唯一の国であった。前述した通り、一般に、イギリスが世界経済で覇権を握った理由として産業革命が重視されるが、それ以前に、まずオランダ船の排除に成功した意味が大きい。

イギリスは、一六五一年から数度にわたり、航海法を制定した。イギリスが輸入をおこなう場合、イギリスの船か輸入先の国の船でなければならないと定めた法である。イギリスは、輸出についてはすでにイギリスの船を使うことに成功していた。輸入船としてオランダ船を使用しないなら、イギリス貿易においては、完全にオランダの勢力を追い出すことができることになる。すなわちイギリスの貿易においては、輸出であれ輸入であれ、イギリス船でおこなうことができ、イギリスと海外との物流は、イギリス人の手中に収められると考えたのである。

このようなイギリスの政策は、長期的に見れば、十九世紀の帝国主義を成功させることになった。イギリス経済学の創始者ともいえるアダム・スミスも、「航海法は、歴代のイギリス政府がとったもっとも賢明な政策であった」と述べている。

国家が貿易活動そのものを管理するという独自のシステム

イギリスは早くから、海運業の重要性に気がついていたわけではない。イギリス海洋事史の泰斗《たいと》であったラルフ・デイヴィスによれば、一五六〇年の段階では、イギリスの海洋国家としての地位はきわめて低かったのである。オランダ、スペイン、ポルトガルはいうにおよばず、ハンブルク、さらにはリューベックという都市と比較しても劣っていた。

このような状況にあったイギリスが、国家が主導して、海運業を促進していくようになった。転換点となったのが、一六五一年のクロムウェルによる航海法の制定であった。

イギリス人が所有する船舶の総トン数は、一五七二年の五万トンから、一七八八年には一〇五万五〇〇〇トンへと、二百年ほどで二一倍にも増加した。

十九世紀初頭に至るまで、農業を除けば、イギリス最大の産業は毛織物工業であった。そして産業革命によって、綿織物工業へと変化する。毛織物工業全盛時代にも、海運業は、毛織物工業につぐ地位を占めていた産業であり、その比率は大きく高まっていった。ことほど左様に、イギリスは物流を重視していたのである。

イギリスは一六六〇年の王政復古以降、貿易量——とりわけヨーロッパ外世界との貿易量——を大きく伸ばした。ラルフ・デイヴィスは、それを「商業革命」と名づけた。この商業革命の過程で、イギリスの貿易では、オランダ船ではなく、イギリス船がどんどん使われるようになったのである。その結果、やがてイギリス以外の貿易についても、イギリス船が使われるようになっていったのである。イギリスが覇権を握ることができたのは、そのためであった。

イギリスは、大西洋貿易のみならず、ヨーロッパ内部の貿易でも、オランダ船の排除に成功していく。他の国々と異なりイギリスは、大西洋帝国とヨーロッパ内部の貿易圏で、国家が貿易活動そのものを管理するシステムの構築に成功したのである。これこそがイギリスの独自性であった。

事実、イギリス以外の国々——フランス、スペイン、ポルトガルなど——は、大西洋貿易においては自国船を使ったとしても、北海とバルト海地方との貿易においては、オランダ船を使用する傾向が強かった。

イギリス船を使うことで、外国人、なかでもオランダ人に支払う輸送料が低減し、国際収支の改善に大いに役立った。近世のイングランド、さらにイギリスは、保護貿易というより、むしろ「保護海運業政策」を特徴とした。この政策により、イギリスと他国との物流において、イギリスが支配権を握ることを目指したのだ。二十世紀初頭には、トン数に換算して、世界の船舶の約半分がイギリス船であったといわれることもある。イギリス船が、世界中の商品を輸送していたことは間違いない。

現在の研究では、フランス革命の最中の十八世紀末に、イギリスはオランダを抜き、ヨーロッパ最大の海運国家になったと考えられている。それは、十九世紀の帝国主義時代において、イギリスが世界の商品を輸送する国家に、言い換えるなら、世界の物流を支配する国家になったということを指している。

ラテンアメリカ諸国への定期便としてイギリス船が運行された

現在のラテンアメリカ諸国の大半は、スペイン語かポルトガル語が公用語の国である。ナポレオン戦争（一八〇三〜一八一五年）が終結する以前、その輸出品は主に宗主国であるスペイン、ポルトガルに輸出されていたが、戦後、ロンドンが輸出先の中心となり、その次に位置するのはハンブルクとなった。宗主国との経済的紐帯が弱まったことが、スペイン領諸国が次々と独立していった要因の一つであろう。

それにつけ込んだのがイギリスであった。イギリスのラテンアメリカに対する投資額は大きく上昇した。一八二六年には二五〇〇万ポンドだったのが、一八九五年になると五億五〇〇〇万ポンド、一九一三年には一一億八〇〇〇万ポンドとなったのである。イギリスの投資としては公債がもっとも多く、ついで鉄道であった。ラテンアメリカの鉄道は、イギリスによって敷設されたといっても過言ではない。そしてラテンアメリカの物流は、イギリス人によって管理されることになった。

イギリスはラテンアメリカから牛肉、トウモロコシ、小麦、ゴム、原綿を輸入したばかりか、それらを再輸出した。

そのためもあり、南米の経済水準は上昇した。そこで、南米で働くヨーロッパ人労働者も出てきた。

一八八六年に出たイタリアのエドモンド・デ・アミーチスによる小説『クオレ』の中の挿話「母をたずねて三千里」の主人公マルコの母親は、金を稼ぐため、アルゼンチンにまで出稼ぎに出た。マルコはその母を追って、十三歳という年齢であるにもかかわらず、たった一人で大西洋を横断してアルゼンチンまでたどり着いた。十九世紀の終わり頃には、大西洋を横断する蒸気船の定期航路があったことを物語る。それには、人間だけではなく貨物も積まれた。その定期便の多くは、イギリス船であった。

世界は一体化しつつあり、イギリス船を主体とする蒸気船がそのための大きな役割を果たした。しかもそれらが、ジェノヴァの一般庶民の生活にまで影響をおよぼしていたのである。

アジア内部の物流までイギリスが担うようになった理由

清代の中国では、一七五七年以降、外国との貿易は広州一港にかぎられるようになった。しかし、一八四〇年に勃発したアヘン戦争を終結させた一八四二年の南京条約により、広州以外に福州、厦門《アモイ》、寧波《ニンポー》、上海の四港が開港されることになり、木造帆船のジャンク船の使用は減少していった。たとえば、中国とシャムの貿易においても、蒸気船の使用が増加していったといわれる。たしかに、ジャンク船は二十世紀になっても中国―シャム間の貿易で使用されていたが、重要な役割は果たさなくなっていった。

中国では、遠洋航海だけでなく沿岸航海でも、イギリスの蒸気船が主流になっていった。一九〇二年には、中国で遠洋航海に従事する蒸気船は七二二四隻、そのうち三六二七隻がイギリス船であった。同年の沿岸航海においては、全体で一万九七四九隻、そのうちイギリス船が九七八九隻であった。

ただし、上海以北の北洋航路において、十九世紀末までは、ジャンク船は多数使用されていた。しかし遅くとも一八九〇年代には、イギリス船が中国の遠洋航海、沿岸航海で大きく活躍するようになった。

中国の海上貿易による物流もまた、イギリスによって支配されるようになったのである。

中国は、ヨーロッパ系の蒸気船によって大きな影響を受けた。むろん、その中心はイギリス船であった。ジャンク船は、一般に蒸気船と比較すると小型であった。しかも帆船であるため、スピードは出たとしても、風による影響を受けやすく、その航行は規則性に乏しい。したがって中国は蒸気船の海運会社を育成しようとしたが、政府による企業経営は非効率的であり、ヨーロッパ系やアメリカ系の海運会社と競争することは難しかった。

海運業の発展により、中国のみならず、アジアの商品の多くが（おそらく移民の多くも）欧米、なかでもイギリスの船舶によって輸送されるようになった。すなわち、アジア内部の物流は、イギリス船が担うようになったのである。

一般にはあまり知られていないことであるが、一八五〇年代中頃は、快速のクリッパー帆船の全盛期であった。だが、蒸気船と比較してスピードの点ではさほど劣らないとしても、航海の規則性では帆船は蒸気船に著しく劣った。帆船は風がなければ航行できず、風向きによって航海に要する時間が大きく変わる。蒸気船は、帆船ほどには風向きに左右されない。蒸気船は、長距離航海においては明らかに帆船に取って代わり、定期航路の範囲を大きく延ばした。

イギリスの船会社であるＰ＆Ｏ（Peninsular and Oriental Steam Navigation Company）の船舶は、まずセイロン島（スリランカ）まで航海し、中国の上海や福州を目指す船と、オーストラリアを目指す船に分かれた。これらのルートは定期航路であり、多数の人々や貨物が積載されていたのである。

このように、世界の多くの地域が、イギリス船の定期航路によって結ばれるようになった。それらの航路を使って、大量の商品が輸送された。一九〇〇年頃の世界の商船の半数がイギリス船であったので、世界の物流では、イギリスが支配的であったことがわかるだろう。

世界の工場ではなく、世界の輸送業者であったイギリス

イギリスは十八世紀後半、世界で最初に産業革命に成功し、世界の工場として活躍したというイメージはかなり強いものと思われる。

しかし、一七一〇〜一九一〇年のあいだ、イギリスの貿易収支が黒字であることは、ほとんどなかった。「世界の工場」といわれ、綿織物工業によって世界最初の工業国家になったイギリスであったが、貿易収支から見るかぎり、それはイギリス経済に大きなプラスを与えてはいないのである。

十九世紀後半以降、海運業からの収入が大きく増えた。これは、イギリスが世界中に蒸気船を送り、世界の物流に大きな影響力をおよぼしたからこそ実現できたことであった。

イギリスはたしかに産業革命によって世界を変革した。しかし、イギリスを世界最大の経済大国にし、パクス・ブリタニカをつくり上げたのは、工業ではなく、海運業（さらには金融業）であった。蒸気船の発展により、世界の商品を輸送し、その収入は、工業製品の輸出でえられる利益を大きく上回ったのである。

航海法が発布された十七世紀と十八世紀には、イギリスは自国と貿易相手国との

物流を支配し、十九世紀後半からは、世界の物流を支配するようになった。物流を重視することで、イギリスはヘゲモニー国家になり、パクス・ブリタニカを実現することができたのである。

第十一章　国家なき民は世界史をどう変えたのか1——アルメニア人

ディアスポラとは何か

「ディアスポラ」とは、最近ではかなり広く使われる用語である。さまざまな人々が大量に移民した場合、それをディアスポラということもある。たとえば、華僑がその代表例とされる。

しかし華僑については「ディアスポラ」というより「移住（migration）」という言葉の方が、より適切な表現だといえよう。彼らは、宗教的理由で移住を強制されたわけではないからである。どうも、ディアスポラという用語が、あまりに広く無限定に用いられ、その正確な定義がないがしろにされている傾向にあるようだ。ここで、ディアスポラの正確な意味をもう一度確認しておこう。

そもそも「ディアスポラ」とは、古代においてユダヤ人がイェルサレムから追放され、離散させられる事態に陥ったことを言い表す言葉であった。前五八六年、新バビロニアの国王ネブカドネザル二世が、最終的にユダヤ人をバビロンに強制移住させた。このことを「バビロン捕囚」という。

このようにディアスポラには、本質的に「宗教的な迫害」を受けた「強制移住」という意味が含まれる。私が専門とする近世ヨーロッパ史においても、ディアスポラと宗教的迫害の関係という問題は避けて通れない。宗教改革に端を発する宗教戦争により、国王や領主と異なる宗派の信徒が居住地から別の地域へと移住を余儀なくされたのである。近世のヨーロッパにおいて、そのような強制的な移住の憂《う》き目に遭ったのはフランスのユグノーであり、一六八五年にフランス国王ルイ一四世がナントの勅令を廃止したため、約二〇万人がフランス国外に移ることになったともいわれる。

本書では、ディアスポラの対象を「みずからの意思ではなく宗教的理由から強制的に移住させられる」ということに限定して、論を展開する。アフリカから奴隷船に乗せられ新世界に強制移住させられた黒人は、宗教的迫害ではないため、ディアスポラとはみなさない。

比較的最近まで、彼らは元来の居住地から外国に移住することを余儀なくされた人々であり、もとにいた地域との関係は、なくなったとまではいわないがかなり少なくなったと考えられてきた。

けれどもこのような考え方は、フィリップ・カーティンの『異文化間交易の世界史』が一九八四年に上梓されたことで、大きく変化することになった（フィリップ・D・カーティン著、田村愛理・中堂幸政・山影進訳『異文化間交易の世界史』NTT出版、二〇〇二年）。ディアスポラによって、彼らのネットワークはむしろ拡大されたと考えられるようになったのである。

ディアスポラの民として有名な人々に、中東を中心に主としてアジアで活動したアルメニア人と、大西洋からアジアにかけての広大な商業ネットワークを誇ったイベリア系ユダヤ人のセファルディムがいる。本章ではそのうちアルメニア人について論じたい。

アルメニア史概略

アルメニア王国は、三〇一年に世界ではじめてキリスト教を国教としたことで知られる。

前述したが、アルメニア人の領土は、何度も大きく変わった。アルメニアの土地は交通の要衝であり、アジアからヨーロッパを人々が陸路で移動するときに、必ずといってよいほど通らなければならなかった地域である。アルメニアという国が何度も生まれては消滅したことが、彼らがこの地域を拠点としていたことと大きく関係する。

地図14　近世ユーラシア世界における新ジュルファーのアルメニア人の貿易網と居留地

一六〇六年には、サファヴィー朝のアッバース一世によって、現在のイラン中部のイスファハーン郊外に、アルメニア人居住区として新ジュルファーが建設され、一五万人以上のアルメニア人が、現アゼルバイジャンに位置する旧ジュルファーからここに移住した。このとき、アルメニア人は故郷なき民ではなくなった。

すでにこのときには、アルメニア人はユーラシア大陸のいくつもの地域で商業に従事する民となっていた。アルメニア人の居留地は、中東を中心として、ヨーロッパにまでおよんだ。ロシアにおいても、ヴォルガ川下流域のアスト

地図15　近世インド洋世界における新ジュルファーのアルメニア人の貿易網と居留地

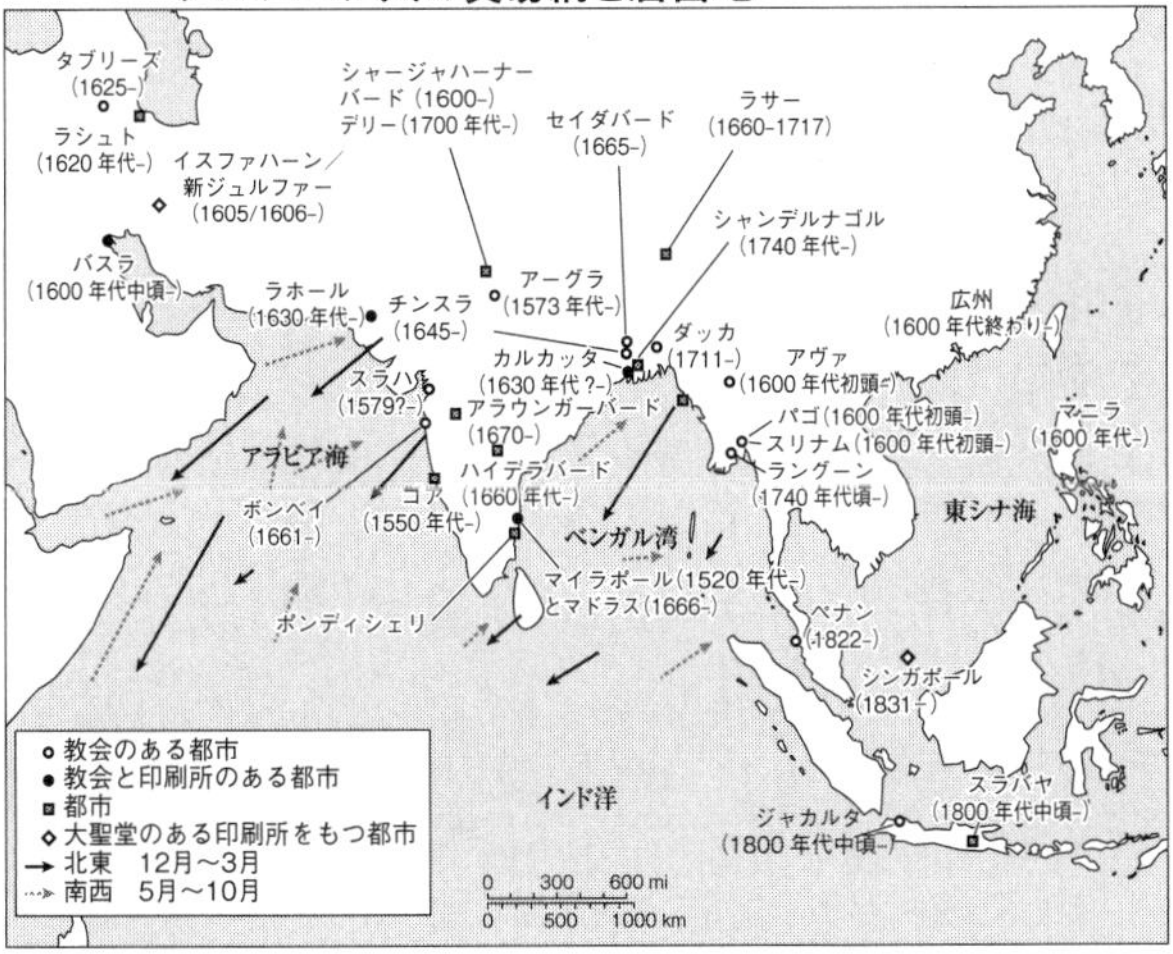

出典：Sebouh David Aslanian, *From the Indian Ocean to the Mediterranean: The Global Trade Networks of Armenian Merchants from New Julfa*, Berkeley, 2011, p.57, Map 1.

ラハンを居留地としていた。

　南アジアにおいて、アルメニア人はイギリスのために、ムガル帝国とサファヴィー朝の外交と金融面での交渉で重要な役割を果たし、それは十八世紀に至るまで続いたのである。さらにアルメニア人は、その言語能力を生かし、商業のための通訳としても活躍したといわれる。

　アルメニア人は、おおむね十七世紀においては、この新ジュルファーを拠点として活動した。そしてそのネットワークは、これらの地図に書かれているように非常に広かった。
アルメニア人はオスマン帝国の市場に進出し、ヴェネツィア人やジェノヴァ人に取って代わり、有力な外国人商人として活躍するようになった。

イラン絹をヨーロッパまで輸送

十六世紀から、アルメニア人は絹の貿易商人として有名となった。近世のヨーロッパで紡《つむ》がれる生糸の大半が、カスピ海沿岸で生産されており、それがイランで絹になった。ヨーロッパで消費される絹は、生糸に換算して毎年二〇万〜二五万キログラムであった。そして、ヨーロッパ人が消費する絹の八〇パーセントがイランから輸入され、その輸送を担ったのがアルメニア人だったのである。

十七世紀のイランは、ロシアやオスマン帝国との貿易収支は黒字であったが、インドとのそれは赤字であった。貿易赤字補塡《ほてん》のために、ロシアとオスマン帝国からインドへと銀が流れた。アルメニア人は、絹と銀の交換を主要な商業活動にしていた。アルメニア人は、ユーラシア大陸における絹と銀の交換において、きわめて重要な役割を果たしていたのである。

ヨーロッパ側の史料によれば、レヴァントルートでの年間最大輸入量は、一四六六年のフィレンツェのガレー船の二万キログラムであった。ただし、これは例外的

表6　イスファハーンを通した輸出額（単位：ピアストル）

	1626年	1628年
フランス	527,000	581,400
イギリス	358,100	481,700
ヴェネツィア	184,100	302,100
オランダ	177,500	4,100
非ヨーロッパ	10,500	19,500
合計	1,257,400	1,388,800

出典: Edmund M. Herzig, “The Volume of Iranian Raw Silk Exports in the Safavid Period”, *Iranian Studies*, Vol. 25, No. 1/2, *The Carpets and Textiles of Iran: New Perspectives in Research*, 1992, p.68.

に高い数値である。

ところが、この数値は十六世紀後半になると上昇し、ヴェネツィアの輸入額は、年平均一二万五〇〇〇キログラムを超えた。なお当時のイランには、インドから品質の良い木綿《もめん》が流入していたので、綿を国内で生産する必要性は高くなかった。

表6は、イスファハーンを通した輸出額を表したものである。この表によれば、フランス、ついでイギリスへの輸出額が多い。

一六六〇年代になると、イズミルに取って代わって、アレッポがイラン製の絹の輸出の中心になり、イギリスが最大の輸出先となった。絹輸出は、さらに増大した。一六七五年には、イズミル経由で全体として四二万二〇〇〇キログラムの絹が輸出され、イギリスへは一四万六〇〇〇キログラムが輸出された。この増大するイラン—ヨーロッパ間の絹取引の輸送を担ったのが、アルメニア人だったのである。

ロシアとの貿易――ヴォルガ川ルートが他のルートにとって脅威となる

アルメニア人のロシアとの貿易はアストラハンが中心であった。

ロシアは、一六七六年には、アストラハンを通し、四万一〇〇〇キログラムの生糸を輸入していた。一七一二年には、四万四〇〇〇キログラムの生糸がアストラハン経由で輸入された。

十七世紀末までに、ロシアルートで、多くの絹が輸出されるようになった。一七〇〇年には、一〇万キログラムの絹が輸出されたと推計されている。また、ヴォルガ川を航行するルートが開拓され、英蘭の東インド会社、オスマン帝国の両方に影響を与えた。オスマン帝国は、一七二一年、アルメニア人の絹商人がロシアルートではなくレヴァントルートを使うよう、ロシアルートに対して五パーセントの税金をかけた。ロシアルートは、レヴァントルートに対する脅威になっていたのである。

さらにアルメニア人は、白海（ロシア北部、バレンツ海の入り江）に面するアルハンゲリスクを通して、大量の絹を輸出するようになった。しかし一六八七年には、アルハンゲリスクはその地位を、バルト海地方のナルヴァに譲ることになった。ナルヴァの台頭は、中継貿易の中心を白海からバルト海に移動させようというスウェ

地図16　ロシアとレヴァント地方

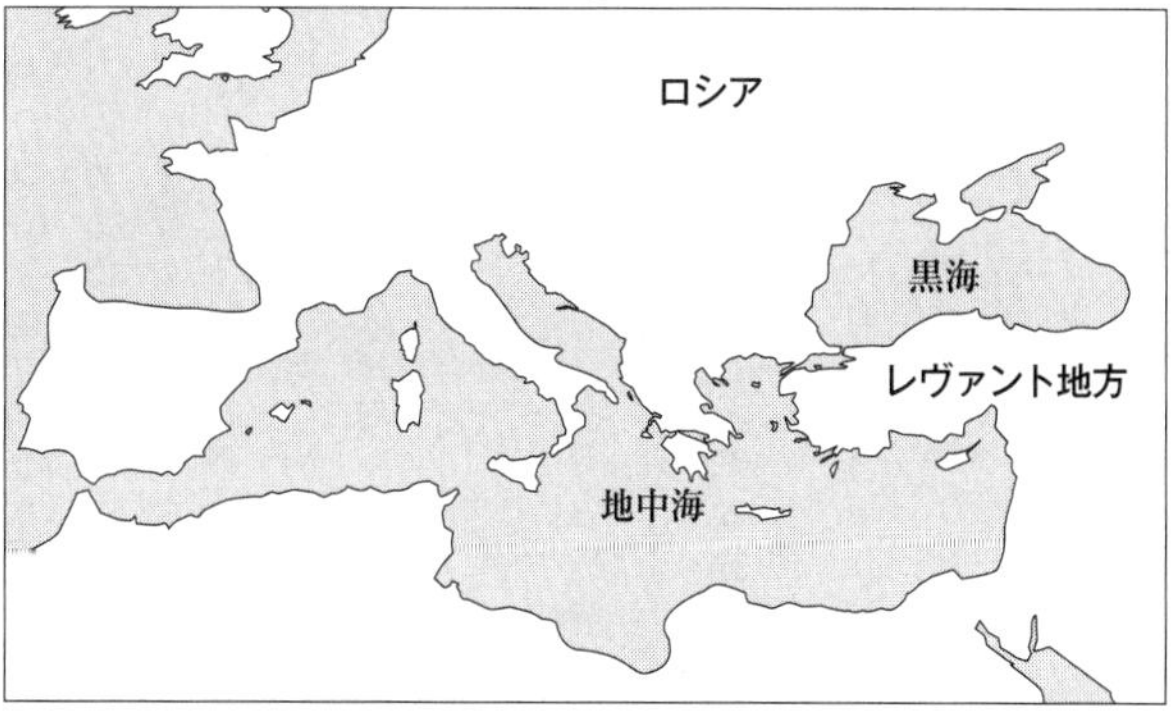

ーデン政府の政策を反映していた。

インドに誘致されたアルメニア商人

十七〜十八世紀の国際貿易において、インドはもっとも重要な拠点の一つであった。インドの綿製品と生糸は、世界市場で最良かつもっとも安価であったので、アジアやヨーロッパのさまざまな地域から多様な商品を求めて、多くの商人がインドにやってきたのである。

アルメニア商人は、ムガル皇帝アクバル（在位　一五五六〜一六〇五年）によってインドに誘致されたといわれる。アルメニア商人は、十七世紀前半にインドでもっとも豊かなベンガルに定住した。インド洋のアルメニア商人の貿易ネットワークの中核を担った港市は、マドラスであった。東南アジアのマニラやメキシコのアカプルコと取引するアルメニア商人は、マドラスを拠点にした。そしてベンガルは、アルメニア人の重要な商業拠点となり、彼らは、この地を根拠地として、オランダ東インド会社と通商上の競争をした。

十七世紀末になると、新ジュルファーのアルメニア人の代理商が、インドの宮廷で見られるようになった。新ジュルファーのアルメニア人の共同体は、インドのアーグラで教会と隊商宿を所有していた。

アルメニア商人はインド洋の海上貿易にも従事していた。ボンベイ（ムンバイ）、マドラス、カルカッタに商館を建設し、十七世紀後半には、ボンベイ、さらに十八世紀にはカリカットにも商館を建てた。

アルメニア商人の貿易ルートは、陸上・海上ルートの両方で、インドの国境を越えた。チベットでは、貴金属と中国の金がインドの繊維品、琥珀《こはく》、真珠と交換されただけではなく、アルメニア商人の共同体があった。

さらに、インドのコロマンデルに拠点をおくアルメニア商人は、フィリピンとの貿易で重要な役割を果たした。十七世紀には、バタヴィアにアルメニアの船舶があったことが記録されている。

「アジアとの貿易」に不可欠の存在

このように、アルメニア商人がかかわる貿易ルートは非常に広大であった。ただし気をつけなければならないのは、アルメニア人の人口自体は少なく、大量のアルメニア人が大きな商隊を組んで貿易に従事していたと考えるべきではないということである。

おそらく数（十）人の商人が移動したと考えるのが妥当であろう。したがって、ネットワーク自体は広かったが、商業に従事するアルメニア人の数を、あまりに過大に評価すべきではない。ただし残念ながら、その数は正確にはわからない。

しかし、アルメニア人が、とりわけ絹・生糸の貿易で、ユーラシア大陸のかなりの地域で活躍したことは確実であろう。大国は、彼らのような小国の民を使い、とりわけそのキャラバンルートを利用することで、絹・生糸の輸出入をおこない、さらにはそれらを銀と交換したのである。

アルメニア商人の役割は、オスマン帝国との通商関係が強いヨーロッパの国々にとっても重要であった。さらにイギリス、オランダ、フランス、デンマークなどの国々がアジアとの貿易をしようと思えば、アルメニア商人と協力することが必要であった。

十九世紀後半になり、蒸気船が発達し、貿易港がより幅広い後背地と結びついたことで、アルメニア商人の役割が低下したと考えられる。しかしそれでも、彼らのネットワークは依然として重要であった。

アルメニア商人がいなければ、ヨーロッパはアジアに進出できなかっただろう。広域におよぶ商業ネットワークを有するアルメニア商人と協同することによって、ヨーロッパはアジアに進出し、やがてアジアを軍事的に支配することができたのである。

第十二章

国家なき民は世界史をどう変えたのか2 ——セファルディム

セファルディムとは

スペインに最初にイスラーム勢力が侵攻したのは、七世紀のことであった。その後、スペインにおけるイスラーム勢力は拡大の一途をたどり、一時期はイベリア半島のほとんどがイスラームの支配下に入り、八世紀初頭には、北部のアストゥスリアスだけがキリスト教圏として残った。

それ以降、レコンキスタ(国土回復運動)がおこなわれ、イベリア半島から徐々にムスリムが追い出されていった。レコンキスタが完了し、スペインが統一された一四九二年は、同時に、ユダヤ教徒がイベリア半島から追放された年でもあった。このとき追放されたユダヤ人は、セファルディムと呼ばれる。

セファルディムは新ジュルファーを根拠地としたアルメニア人と違い、中核をもたないディアスポラの民であった。おそらくアムステルダムにもっとも多く居住していたが、ロンドン、アントウェルペン、リヴォルノなど、いくつもの都市に居留

地図17　セファルディムの居留地

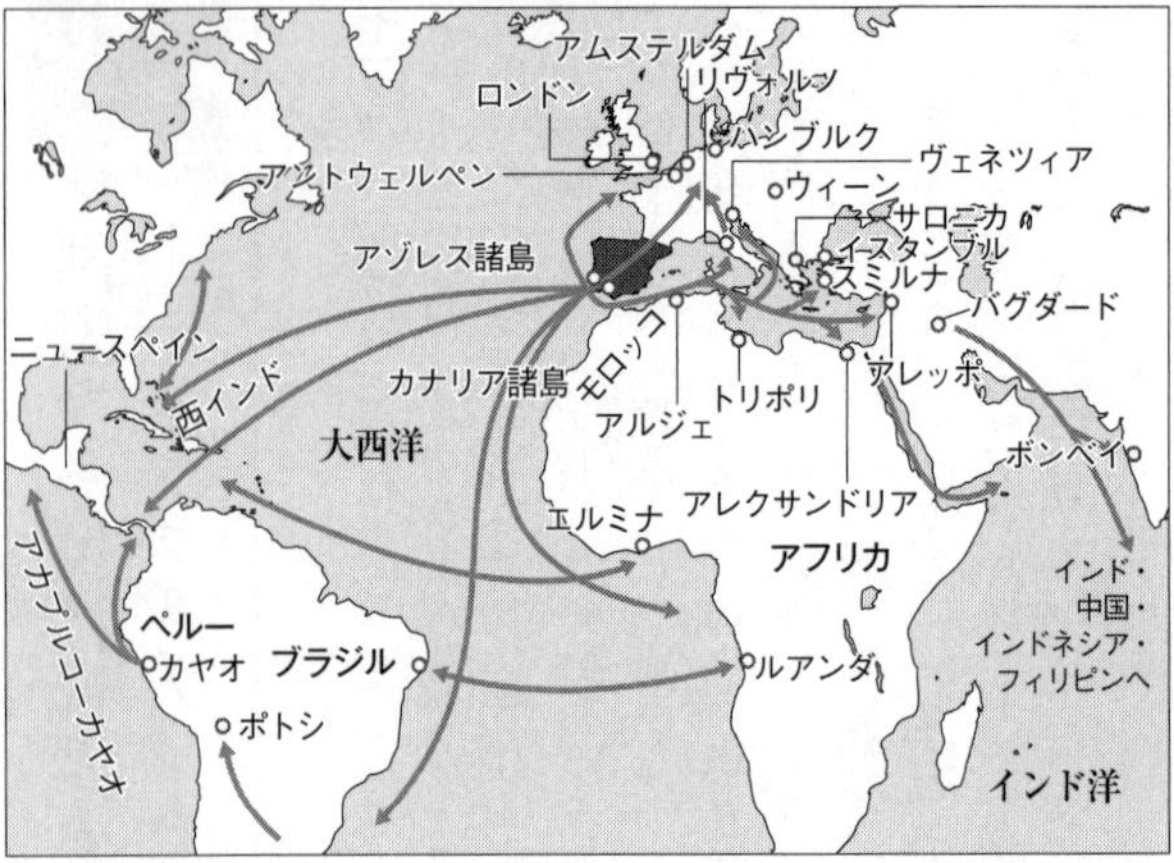

出典：Jonathan Israel "Empires", Ina Baghdiantz McCabe, Gelina Harlaftis and Ioanna Pepelasis Minoglou (eds.), *Diaspora Entrepreneurial Networks: Four Centuries of History*, New York, 2005, p.2.

地をもっており、核となる拠点は存在しなかった。だからこそセファルディムは、地図17に見られるように、アルメニア人よりも多くの地域に広がることができたのである。

セファルディムは、サトウキビ（砂糖）の製法をカリブ海に伝え、ヒンドゥー教徒からダイヤモンドを輸入し、地中海からサンゴを輸出するなど、世界史上きわめて重要な役割を果たした。こんにちに至るユダヤ人のダイヤモンドネットワークの基礎は、もしかしたらセファルディムによって築かれたかもしれないのである。

本章では、セファルディムのネ

ットワークがどのようにして築かれ、それは世界経済にどういうインパクトを与えたのかということを考察したい。

拡散するセファルディム

スペインにおけるユダヤ人の人口は、レコンキスタ完成以前の二百年間にわたり減少し続け、名目上、一四九二年にはいなくなった。

一四七八年、スペインでは、約二〇万人のユダヤ人のうち、およそ一〇万人が改宗を拒否し、一〇万人ほどがポルトガルに流れた。しかし、ポルトガル国王のマヌエル一世と、スペインのフェルナンド王とイサベラとの娘が結婚し、マヌエル一世はスペインとの関係上、十一カ月のうちにユダヤ人を国外に追放すると宣言した。

だがマヌエル一世は、ユダヤ人の経済的重要性も認識していたので、彼らを何とかして国内にとどめようとした。ポルトガル政府は、一四九七年三月十九日、四〜十四歳のすべての子どもはカトリックとして洗礼を受けるべしという命令を出し、ユダヤ人を国外追放しないでおこうとしたのである。このときにクリスチャンに転向したのが、新キリスト教徒と呼ばれる人々である。

新キリスト教徒は、一五〇〇年代初頭、最初は現在のベルギーのアントウェルペンに貿易をするために定住しはじめた。彼らは、スペイン人、ポルトガル人、さらにはスペインの迫害を逃れて、北アフリカ、トルコ、地中海の他の地域に逃亡した家族たちとの経済的紐帯を維持した。スペインとポルトガルの支配を逃れた人々はふたたびユダヤ教に改宗した。セファルディムは、一五四〇年代には比較的自由にアントウェルペンで暮らしていた。だがこの都市がスペイン国王フェリペ二世によって一五八五年に陥落し、スペイン領になると、そのような自由はなくなった。

一五七九年以降、セファルディムと考えられる人々が、イベリア半島とスペイン領ネーデルラントから逃げ出し、オランダ共和国に居住するようになった。オランダ人は、その多くがカルヴァン派改革派教会に属していたにもかかわらず、ユダヤ人を迫害する気はなかったようである。それは、ユダヤ人がもたらす富のためであった。

十七世紀になると、ユダヤ人はオランダ共和国にさらに受け入れられるようになり、一六三九年には、公《おおやけ》にユダヤ教を信仰することが許されるようになったのである。

さらにセファルディムは、ハンブルクにも居住するようになった。十六～十七世紀のハンブルクにおいて、ポルトガル系・スペイン系の名前を名乗っていた者の一部は、セファルディムであったと考えられる。ハンブルクも宗教に寛容な都市であり、セファルディムは市民権は取得できないものの、商業に従事することはできた。そのため、迫害を逃れてこの地に到来するセファルディムもいた。

また、十七世紀から十八世紀前半にかけ、ユダヤ人はヨーロッパのグローバルな海洋帝国形成に大きく関与していた。その中心となる都市は、アムステルダムとイタリアのリヴォルノであった。

カリブ海でサトウキビを栽培したセファルディム

セファルディムは大西洋貿易において大いに活躍した。より自由な土地での活動を求め、セファルディムが大西洋貿易に従事し、さらに新世界に移住したことは間違いない。

十六世紀にブラジルがポルトガル領になり、同世紀中頃にはプランテーションシステムが導入され、サトウキビが栽培されるようになった。ブラジル北東部のペルナンブーコとバイーアは、十六世紀末には世界でもっとも重要な砂糖生産地域となった。十七世紀初頭、ペルナンブーコはオランダ人の手に落ちる。その後ポルトガルがこの地をふたたび自国領にした一六五四年には、カリブ海のオランダ領植民地でサトウキビが栽培されるようになった。

この植民地でオランダ人プランターが黒人奴隷を使役してサトウキビ栽培をおこなったとされているが、実際にサトウキビ栽培に大きな役割を果たしたのは、オラ

地図18　ラテンアメリカ世界

ンダ人ではなくセファルディムであったようだ。セファルディムは、砂糖生産がブラジルから西インド諸島に拡大し、オランダの海外のプランテーション植民地が発展するために大きな貢献をした。ブラジルから脱出したセファルディムは、カリブ海一帯に移住先を求めたのである。

彼らは、サトウ

キビの栽培方法を知っていた。そのセファルディムの一部が、オランダ、イギリス、フランスの植民地に移住したのである。当時カリブ海から北米・南米にかけて、ユダヤ人共同体が見られたが、彼らは基本的にセファルディムであり、セファルディムのネットワークにより、サトウキビの生産方法が新世界に広まったと推測できるのである。

しかし大西洋貿易における彼らの役割は、十八世紀になると低下した。それは各国の軍事力が強くなり、大西洋が戦場となっただけではなく、国家の大西洋貿易への介入度が高くなったためだと考えられる。そうなると、国家からの独立度が高いセファルディムの立場は弱体化することになった。

しかもセファルディムは、新世界に住みつくようになった。そのため、次第にヨーロッパの商人たちとのコネクションは弱まっていった。国境を越えたネットワークをもつセファルディムのレーゾンデートル（存在理由）が失われていったのである。

地中海のサンゴをインドに輸出しインドからダイヤモンドを輸入

そのため全体として、セファルディムのネットワークは東方にシフトしたように思われる。もともとポルトガルが取引していたダイヤモンドを、リヴォルノ在住のセファルディムが取り扱うようになり、その対価として地中海のサンゴを輸出するようになったのである。

フランチェスカ・トリヴェッラートの研究では、リヴォルノのセファルディムが地中海のサンゴをインドのヒンドゥー教徒に輸出し、ヒンドゥー教徒がダイヤモンドをセファルディムに輸出した。

トリヴェッラートによれば、インド洋でのヨーロッパの貿易が増加し、地中海のサンゴの重要性が高まった。そもそもヨーロッパからアジアに輸出できる商品はほとんどなく、サンゴの需要はきわめて高かったのである。

さまざまな種類のサンゴが、ポルトガル船に積載されて喜望峰ルートでゴアに到着した。サンゴは、西アフリカで奴隷を購入するために使用され、白海のアルハンゲリスクにまで輸出されるものもあった。

十八世紀中頃になると、リヴォルノが、世界のサンゴ貿易と製造の中心地になった。一箇所にサンゴの採取から製造までのすべての過程が集中することで、サンゴ輸出のコストは大幅に低下した。

そしてサンゴとは逆に、インドから輸出されたのがダイヤモンドである。インド亜大陸は、一七二八年にブラジルからの最初のダイヤモンド輸送がおこなわれるまで、ダイヤモンド生産の中心地であった。さらに、そのなかでもっとも重要な場所はインド中央部のゴルコンダであった。ポルトガルは、当初からインドのダイヤモンドに目をつけていた。

インドのダイヤモンドは、レヴァント経由でヨーロッパに送られた。中世においては、インドのダイヤモンドのほとんどはヴェネツィアでカットされ、研磨され、いくらかはアントウェルペン、リスボン、パリに送られた。このように、ポルトガルとヴェネツィアは競合関係にあった。

長期間にわたり、ユダヤ人は、ダイヤモンド貿易に従事していた。一六六〇年代になると、イギリス東インド会社では、私貿易商人がインドからイングランドにダイヤモンドを輸入した。イギリス東インド会社は、私貿易商人にカネを貸し、彼らがダイヤモンド貿易に従事することを画策した。イギリス東インド会社はまた、サンゴのインドへの輸出にも従事した。

セファルディムは、ダイヤモンドの世界市場での取引に必要な、いくつかの要素を兼ね備えていた。秘密を厳守し、高い水準で協力し統合し、情報に接近し、長距離貿易で長期の信用を提供し、貿易形態の地理的変化に対応することができた。彼らは家族企業を経営していたので、徒弟がいなくても、専門的知識を伝達することが可能であった。

十七〜十八世紀には、リヴォルノがマルセイユとジェノヴァに取って代わってサンゴ貿易と製造の中心になり、アムステルダムがアントウェルペンに取って代わり、ダイヤモンドのカットと研磨の中心になった。セファルディムはダイヤモンド産業をコントロールし、増大していた東欧系のユダヤ人であるアシュケナジムの避難民を雇用した。セファルディム―イタリア人―ヒンドゥー教徒が連合することで、非常に大きな商業ネットワークが形成されたのである。

アルメニア人のネットワークとの比較

セファルディムのネットワークは、近世においてもっとも柔軟性があり、広範囲におよんだ。このネットワークは、近世の広大な強国――オスマン、ヴェネツィア、ポルトガル、スペイン、オランダ、イギリス、フランス――を網羅した。ネットワークの広がりという点で見ると、アルメニア人のそれと同程度であった。けれども、この二つのネットワークには、二つの点で大きな差異があった。第一に、セファルディムの活動の中心は当初大西洋であり、インド洋ではなかった。

第二の差異は、前述したが、セファルディムは求心力をもつ特定の中心があるわけではなかった点である。セファルディムには、ネットワークの中核があったわけではなく、いくつもの中心があった。リスボン、アムステルダム、リヴォルノ、ハンブルク、ロンドン、サロニカ、イスタンブルがそれに含まれる。このように、特定の中核がないということは、突発的な出来事があったときのリスクヘッジになった。

さらにセファルディムのネットワークは、その海上ルートでの発展にあった。この点でも、新ジュルファーのアルメニア人とは大きく違っている。

セファルディムの世界貿易への参画は、十七世紀後半から十八世紀前半において頂点に達した。そのときの二つの中心は、リヴォルノとアムステルダムであった。この二都市と比較すると、ロンドンの重要性は劣った。

ロンドンは、セファルディムがマドラスで、サンゴとダイヤモンドの交換をするために重要であった。イギリス東インド会社の独占権は、ダイヤモンドまでにはおよんでいなかったのである。ロンドンのセファルディムは、このときに、リヴォルノのセファルディムの助力をえることができたのである。

このように、セファルディムのネットワークはとても広範囲にわたっており、ユーラシアとアメリカの物流に、欠かせない役割を演じたのである。

第十三章 イギリスの「茶の文化」はいかにしてつくられたのか

「中国語」という壁

一七五七年以降、清の外国貿易は公式には広州一港に限定された。それ以外にも民間部門の貿易はいくつもの港でおこなわれていたから、広州は、外国への唯一の「正式な」窓口であったというべきであろう。

では、現実に広州での貿易はどのように営まれていたのだろうか。

スウェーデン人の歴史家リサ・ヘルマンによれば、中国政府は広州に四名の通訳しかおかなかった。

そのため、広州との貿易が増大すると、役人はアシスタントを雇うほかなかった。たとえば、イギリス商人のチャールズ・フレデリク・ノーブルが、「外国語を話せる中国商人はほとんどいなかったので、英語ないしポルトガル語を話すことができる人を雇っていた。だから、フランス人、オランダ人、デンマーク人は、このどちらかの言語を話す必要があった」と述べた。

商人は、知っていることを役人に伝え、税関の役人は、すべての商品の価格と量を記録した。最終的には、中国人の役人が絶えず情報の掌握という点で有利な地位にいたのである。さらに、中国政府に有利になるように、通訳がわざと誤訳をすることさえあった。ヨーロッパ人にとって中国語はきわめて難しい言語であり、中国人がヨーロッパの言語を話せたとすればどれだけ楽になるかと考えたヨーロッパ商人も多かった。

そこで、中国役人からの干渉を避けるために、中国商人とヨーロッパ商人は通訳をできるだけ使わないようにし、共通の言語を創出したのである。その言語とは、中国語やマレー語、ポルトガル語、英語などが混ざった人工的な言語であった。

ここからわかるように、商業活動においては、中国政府と中国商人の利益が一致しているわけではなかった。国家の網の目をくぐり、商業を営むという行為は、十八世紀中頃になってもなお続いていたのである。

清の唯一の外国貿易港と限定される以前から、広州からは、ヨーロッパに向けて茶が輸出されていた。だが、ヨーロッパで茶を大量に消費するのはイギリスくらいであり、あとはロシアも茶を飲む国であったとはいえ、その消費量は十八世紀においては、あまり多かったとは思われない。

イギリスと中国の貿易は、イギリス東インド会社が独占していた。したがって、理論的には、広州からヨーロッパに輸出される茶は、ほとんどがイギリス船で輸出されるはずであった。だが、現実には他国の船も輸出していた。

一体、それはなぜなのだろうか。

ここでは、国境を越えた国際貿易商人の活動の一端を見ていきたい。

「小国」スウェーデンが果たした大きな役割

イギリスやオランダ以外にも、「東インド会社」という名称の会社はあった。それらは、英蘭の会社ほど強力な軍隊はもたなかった。スウェーデン東インド会社にいたっては、その規模ははるかに小さかった。

スウェーデン東インド会社という名称は、本国のスウェーデンでさえあまり知られていない。ましてやこの会社の役割など、ほとんど知られてはいない。しかし、同社は、イギリスにとって重要な役割を果たしていたのである。

近年のヨーロッパ商業史では、小国が果たした役割が大きくクローズアップされるようになっている。大国なら大した利益が出ない貿易であっても、小国にとっては大きな利益となりえた。ときには中立政策により、海運業を大きく発展させた。スウェーデンは、そのような国の代表であった。

スウェーデン東インド会社は、一七三一年に特許状を与えられて創設され、一八一三年に解散した会社である。根拠地は、スウェーデン西岸のイェーテボリにあった。この会社が活動した八十年余りのあいだに、一三二回、アジアへの航海をおこなった。

広州が一二四回、広州とインドへが五回、インドだけに向かったのが三回である。特許状では喜望峰以東のすべての地域とスウェーデンとの貿易独占権が付与されていたが、現実にはスウェーデン東インド会社の貿易とは、広州との貿易を意味した。

しかも、スウェーデンから中国に輸出したものはきわめて少なく、ほとんど中国からの輸入事業に専心していたといってもいい。輸入品目の多くは茶であった。スウェーデン東インド会社の輸入額に占める茶の比率は、一七七〇年には六九パーセント、一七八〇年には八〇パーセントに達した。

同社は広州に在外商館があったものの、海外領土も植民地もなく、従業員数は二五〇〜三〇〇人程度であった。広州から輸入された茶はイェーテボリで競売にかけられた。したがって、スウェーデン東インド会社は、決して特権的な商事会社とみなすことはできない。競売は、誰もが参加できる自由な経済活動だからである。

この会社は、一七二二〜二七年という短いあいだしか活動しなかった、オーステンデ会社と強いコネクションがあった。オーステンデ会社は、その名の通りオーステンデを根拠地とするオーストリア領ネーデルラントの貿易会社であった。スウェーデン東インド会社に参加した人々には、もともと同社で貿易活動を営んでいた人が多かった。

忘れてはならないのは、スウェーデン人は、茶ではなくコーヒーを飲む人々であるということである。そのため、茶の多くはふたたび輸出された。通常、スウェーデン東インド会社の再輸出額は、総輸出額の二〇〜三〇パーセントを占めた。これらの茶は、まず、オランダとオーストリア領ネーデルラントに向かった。かつてのオーステンデ会社との関係からである。そこからさらに、ドイツの後背地、フランス、スペイン、ポルトガル、地中海、さらにイギリスに輸送された。イギリスは、ヨーロッパ最大の茶の消費国であった。

このように、イェーテボリから直接イギリスに輸出されたのではなく、まずオランダとオーストリア領ネーデルラントに送られ、そこから再輸出されたとみなされている。スウェーデンが輸入した茶は低級品であったので低価格となり、低所得者層のイギリス人も入手することができたと考えられる。

当時イギリスの茶市場は、イギリス東インド会社が独占しており、関税率が高かったので、イギリス国内の茶はきわめて高価な商品になった。そこで価格の低い密輸品が求められたのである。一七四五〜四六年の推計によれば、イギリス人が茶の密輸のために支払った金額は年間およそ八〇万ポンドであった。それだけあれば、約一五〇〇トンの茶を輸入することができるが、スカンディナヴィアの茶の輸入量がまさにその量であった。

しかし一七八四年には首相のピットが減税法で、茶への関税率が一一〇パーセントから一二・五パーセントへと削減された。それゆえ、イギリス東インド会社が輸入した茶の価格は低下した。

少なくともそれまでは、スウェーデン東インド会社が主としてオランダとオーストリア領ネーデルラントに輸出した茶が、おそらくイギリスに持ち込まれ、低所得者層が飲むものとなっていたのである。

フランス東インド会社の密輸

十八世紀のフランスは、大西洋貿易ではイギリスと争うほどに貿易量を拡大させた。場合によっては、イギリスよりも貿易の成長率は高かった。しかしアジアでは、そこまで大きな活動はできなかったようだ。

フランスも英蘭と同様に、一六〇四年に東インド会社を創設し、一六六四年に同社を国営会社とした。一七一九年には、インド会社となり、東西インドの貿易をおこなったが、一七三一年にはアフリカとルイジアナが切り離され、ふたたび東イン

地図19　ブルターニュの主要な港

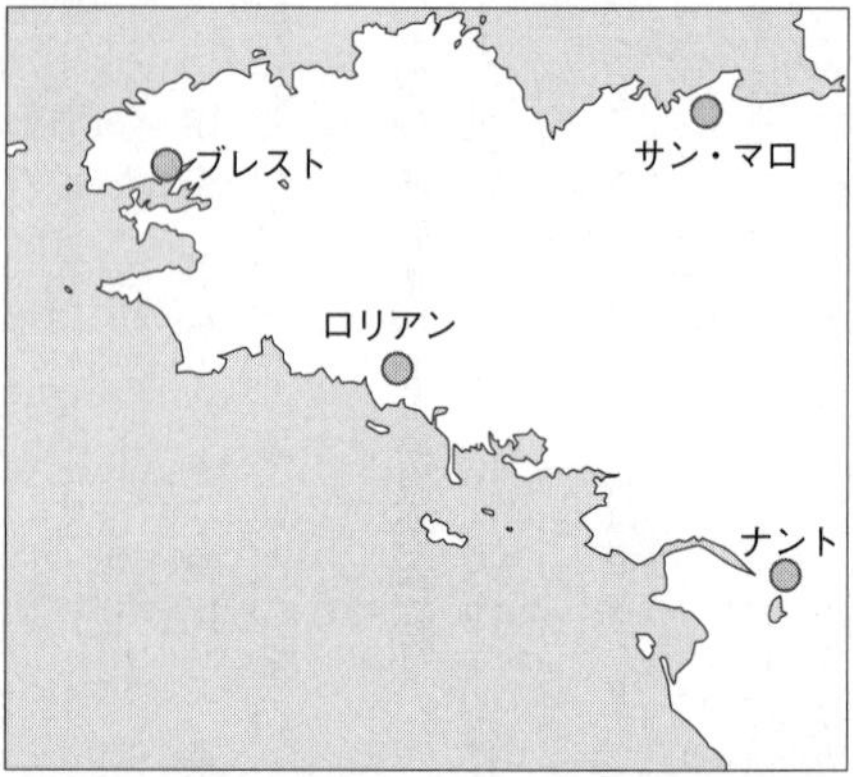

出典：Pierrick Pourchasse, “Breton Linen, Indian Textiles, American Sugar : Brittany and the Globalization of Trade in the 18th Century”, 『京都産業大学　世界問題研究所紀要』第28巻, 2013年, p.159.

ド貿易に専念することになった。その後、同社は一七九五年に清算された。

フランスの東インド会社は、茶の輸入で大きな役割を果たした。そして同社は輸入した茶を、スウェーデン東インド会社と同様、イギリスに密輸していたのである。

フランスにおける東インド貿易の根拠地は、ブルターニュ地方のロリアンにあった。十七世紀終わり頃のブルターニュの人口は約二〇〇万人であり、フランスの総人口の一〇パーセントを占めていた。地図19にあげた港湾都市のうちサン・マロはスペインに繊維品を供給し、フランス中の製造品をスペインに送った。サン・マロは太平洋貿易にまで乗り出した世界中と結びついた都市であり、一七一三年にこの都市を出港したグラン・ドーファン号は、南米大陸最南端のホーン岬をへて、繊維品

（リネン）をペルーに輸送したのち、アメリカ銀で中国商品を購入し、フランスに戻った。

もともとアメリカ産の銀は、中国で製品を買いつけるための代価であったが、十八世紀のうちに繊維品、貴金属、奢侈品も代価として使われるようになり、アメリカ銀の使用頻度は相対的に低下した。

フランスのおもだった商品は、コーヒーと茶であり、茶の輸入量は、十七世紀終わり頃の一〇万〔重量〕ポンドから、十八世紀後半の二〇〇万ポンド弱へと急増した。さらに香辛料と胡椒、そして綿が重要な商品であった。

ここで注目すべきは、茶の輸入である。スウェーデンと同じく、フランスも茶ではなくコーヒーの消費国である。したがってこの茶は、世界最大の茶の消費国イギリスに密輸された可能性が高い。フランスの茶の輸入を扱ったデルミニの研究によれば、一七四九〜六四年にかけて広州からフランスが輸入した茶の総額は、年平均で一一九二万五二八八リーヴル、一七六六〜七五年は、一二八八万五七三九リーヴルであった。そのうちブルターニュが占める割合は、それぞれ四二・七パーセント、五〇・二パーセントであった。この時代を通じて、フランスの茶の輸入総額のうち、ブルターニュが占める比率は八二・五パーセントであった。その多くはブルターニュの都市ナントに輸出されていた。十八世紀のナントは奴隷貿易をした貿易都市として知られるが、広州からの茶の輸入も重要であった。さらにフランス東インド会社の輸入品として、茶がコーヒーよりも多いこともあった。

ブルターニュに輸入された茶は、主としてイギリスとオランダに輸送された。イギリスへの輸出は、多くが密輸であった考えられる。オランダからどこにいったかはむろん詳《つまび》らかではないが、イギリスに再輸出されるものもあったであろう。ブルターニュの茶は、高級であったので、イギリスの富裕層に飲まれたと推測されている。

茶の密輸がなければ、イギリスで茶は普及しなかった

イギリスは、一人あたりに換算すると、おそらく十八世紀では世界有数の茶の消費国であった。しかし、その茶はイギリス東インド会社が輸入したものとはかぎらなかった。

そもそも、イギリスや英仏海峡、さらに北海に接する国々がおこなう中国との貿易は、イギリス人の多くが茶を飲むようになったことを基盤としていた。一七八四年に減税法が導入される以前には、密輸される茶の量は四〇〇〇万～六〇〇〇万ポンドともいわれ、なかには七五〇〇万ポンドという説をとなえる研究者もいる。このように十七世紀中頃には、茶の密輸は例外的とはいえない現象になっていた。

ヨーロッパ人にとって、茶は、重要な密輸品であった。たとえば、広州からハンブルクに茶が輸出されているが、この都市の後背地はエルベ川流域、さらにはバルト海地方であるので、そこに茶が輸出されたとは考えられない。ハンブルクは「小ロンドン」と呼ばれたほどロンドンとは密接な関係にあったのだから、ハンブルクからロンドンに密輸されたと推測できる。

密輸を促したのは、イギリスの茶に対する関税率の高さであった。一七八四年に減税法が導入されるまで、茶に対する関税率は八〇パーセントを下回ることはほとんどなく、一〇〇パーセントを超えることも珍しくはなかった。

減税法により、密輸への誘惑は減った。イギリス東インド会社が販売した茶の額は、一七八三年が五八六万ポンド、一七八四年が一一四〇万ポンド、一七八五年が約一五〇八万ポンドと、大きく増加した。これは、密輸量が大きく低下したためであろう。

しかし、減税法以前には、おそらくイギリスへの最大の茶の密輸国はフランス、ついでスウェーデンであった。フランスからは高級茶、スウェーデンからは低級茶が密輸入された。両国は、イギリスが世界最大の茶の消費国になることを助けたのである。

日本では川北稔が、「東インドの茶と西インドの砂糖が一つのティーカップに入れられることにより、世界は一つになった」と表現した。それは同時に、イギリス帝国の拡大を物語る。しかし砂糖とは異なり紅茶は、イギリスの船で東インドや中国から合法的に輸入したものとはかぎらなかった。密輸された茶がなければ、イギリス人は、これほどまでに茶を飲む国民にはならなかったかもしれないのだ。

茶という商品の物流は、密輸によっても拡大した。広州からヨーロッパ大陸、さらにイギリスへと、密輸の道が開かれていったのである。

第十四章 なぜイギリスで世界最初の工業化(産業革命)が生じたのか

ヨーロッパは、比較的高緯度に位置する地域である。そのため植生は貧しく、かつて人々は栄養もあまりとれなかった。

ヨーロッパが対外進出をしなければならなかった一つの理由は、そこに求められよう。

ヨーロッパ人は、主食である小麦やライ麦は、近世以前から生産していた。しかしジャガイモやトマトは、新世界からの輸入品であった。それでも、やがてヨーロッパ内で生産することに成功し、ヨーロッパ人のカロリーベースでの食料自給率は大きく上昇した。

しかし、コーヒー、茶、砂糖などの熱帯地方で栽培される嗜好品は、ヨーロッパ内部では生産できず、輸入することになった。

一方、亜麻、麻、リネン(ロープや帆として使用される)などの海運資材は、むしろ低温のバルト海地方や北海沿岸で収穫されたのである。

じつはこれらの商品の生産と流通は互いに関連しており、ヨーロッパの対外進出を大きく促進したことを本章で示したい。

工業化以前に工業化があった――プロト工業化とは何か

「工業化以前の工業化」つまり、産業革命＝工業化以前のヨーロッパでの「工業化」の研究が、世界的に大きな反響を呼んだことがあった。このような「工業化以前の工業化」を、プロト工業化という。

この概念を最初に提起したのは、アメリカの経済史家のフランクリン・メンデルスであった。彼が一九七二年に発表した論文「プロト工業化――工業化過程の第一局面」は、経済史家のみならず、一般の歴史家にも知られるようになった。

単純にいえば、プロト工業化とは、繊維品の生産を中心とする農村工業の発展のことである。農村が、穀物を生産する農業地帯と、亜麻・麻・リネンなどの繊維品を生産する工業地帯とに分岐したのだ。

メンデルスは、フランドル（現在のフランス北部、ベルギー西部、オランダ南部）で、リネン生産が増加し、その近隣地域から穀物を購入するようになったと考えた。

人口増加があると、農作物の生産に適していない土地では、繊維品の生産が進み、農業に適した土地との兼業がおこなわれる。そのため工業生産と農業生産の両方が増えるというのだ。それが、やがて資本主義的な経済成長につながったと、メンデルスは主張した。

彼のこのような主張は世界に大きな影響を与え、農村工業から産業革命が生まれたのではないかという観点からの研究がずいぶんとなされた。さらにヨーロッパだけではなく、アジアでもプロト工業化と思われるような現象があったことがわかってきた。

メンデルスによれば、プロト工業化が工業化の第一局面であり、産業革命が第二局面であった。第一局面と第二局面はどう関係していたのかということが、ヨーロッパのみならず日本でもずいぶんさかんに研究されることになった。

ヨーロッパ各地で、プロト工業化から本当の工業化である産業革命へという変化が起こったとメンデルスらは考え、その考えを支持した日本人研究者も多かった。ヨーロッパは、農村工業の発展により産業革命を迎えたのだという研究が、日本でも多数見られたのである。

プロト工業化論の失墜

しかし現在では、プロト工業化論の勢いはかなり衰えている。現在の研究では、プロト工業化とは、ヨーロッパで見られた亜麻・麻・リネンなどの繊維産業の発達を意味し、それが直接工業化につながったとは考えられていない。

日本におけるこの分野のオーソリティーである斎藤修は、メンデルスのプロト工業化論は、本格的な工業化を説明するためのモデルとしての資格に欠けるといった。つまり、亜麻・麻・リネンという繊維工業の発展から、産業革命が生じたということはない、ということなのである。

では、なぜプロト工業化から産業革命へと一直線につながらなかったのだろうか。

産業革命を起こした綿織物は、もともとインドから輸入されていた。インド製の手織りの綿織物であるキャラコは、安価で肌触りが良かったので、ヨーロッパ全体での需要があった。それに対しイギリスは、西アフリカから奴隷を新世界の植民地に送り、綿花を栽培させ、それを本国の工場で動力を用いて綿織物という完成品にして、世界市場で販売するという形態をとったのである。

イギリスの綿織物は、インド綿の輸入代替品であった。プロト工業化で代表的だったヨーロッパ原産の亜麻・麻・リネンの生産から、直接、綿織物生産へと移行するということはなかったのである。

綿織物は毛織物と違って何度も洗え、暑い土地でも極寒の地でも着ることができる。だからこそ、世界製品となったのである。亜麻・麻・リネンには、消費財として、そこまで広い需要はなかった。

そもそもイギリス産業革命の母体となったランカシャーは、代表的な農村工業地帯ではなかった。ランカシャーの綿織物生産を真似したからこそ、ヨーロッパ大陸で工業化する地域が出現したことを忘れてはならない。

いわゆるプロト工業化はなぜ起こったのだろうか。それには、どういう意味があったのか。

工業地帯で生産されていたものとは

プロト工業化論では、人口圧が大きな鍵を握る。先述した通り、近世のヨーロッパでは、人口が増加し、そのために食料不足が引き起こされた。しかしこの人口圧は、メンデルスの主張とは大きく異なり、農村が農業地帯と工業地帯に分かれて農業の生産性が上がったことではなく、バルト海地方から穀物を輸入することで解決されたのである。ここに、メンデルスの誤りがあった。

では、ヨーロッパで亜麻・麻・リネンの生産はなぜ増大したのだろうか。

大航海時代がはじまった十六世紀初頭には、西欧諸国はおそらく近隣地域から海運資材を調達していた。しかし、西欧諸国がどんどん遠くまで出かけるようになると、それだけでは足りず、バルト海地方から海運資材を輸入することを余儀なくされた。そのため、バルト海地方の貿易収支は、西欧側の赤字になっていった。ポーランドの貿易収支は穀物輸出により黒字になっていたが、バルト海に面するその他の地域は、海運資材の輸出によって貿易収支が黒字になった。これにより、バルト海地方に住む人々の可処分所得は上昇したのである。

プロト工業化において生産された主要な産品として、亜麻・麻・リネンなどがあったことはすでに述べた。これらは、船舶のロープや帆などに使われる海運資材であった。さらにリネンは、奴隷が着る服としても使用された。

ここから、プロト工業化とヨーロッパの対外進出が大きく関係していたことが示されよう。ヨーロッパの農村が工業地帯と農業地帯に分かれたのはある程度事実であるが、工業地帯というのは、じつは、ヨーロッパの対外進出に必要な海運資材の供給地域であったと見るべきなのである。

ドイツ人の歴史家であるクラウス・ヴェーバーとアンカ・シュテッフェンによれば、現在のポーランドとチェコにあたるシュレジェンの繊維製品であるリネンは、衣類としても使われた。それは、フランスやポルトガル経由で西アフリカに送られ、アフリカ人奴隷がそれを着た。

インド産の綿織物は耐久性があまりなく、着心地が劣るとはいえ、リネンの方が長持ちした。そのため、奴隷がリネンを着ることになったものと思われる。リネンから綿へと奴隷が着る繊維品が変わるのは、イギリス産業革命によってであった。

バルト海地方から輸出される亜麻・麻・リネンがなかったとすれば、大航海時代、さらには十八世紀の大西洋貿易拡大を西欧が実現することはできなかったであろう。

北ヨーロッパにおける川の重要性

北ヨーロッパの特徴として、地中海地域と異なり、大きな川がいくつもあることがあげられる。川の長さを比較してみると、ハンブルクが位置するエルベ川の長さが一一七〇キロメートルであるのに対し、イタリアを流れるポー川の長さは六五〇キロメートルしかない。

北海とバルト海の後背地の広さを考えれば、北ヨーロッパにおいては、海と川との結びつきが、地中海地域よりもはるかに強かったことが明らかであろう。

たとえばポーランドのダンツィヒ（グダンスク）はヴィスワ川、こんにちのポーランドに位置するシュテッティンはオーダー川、ロシアのサンクト・ペテルブルクはネヴァ川、ラトヴィアのリーガはドヴィナ川沿いに位置する港湾都市である。これらの都市から、川をたどって、亜麻、麻、リネンなどの海運資材が輸送されたのである。そして、ヨーロッパの対外進出のために使われたのだ。

いわゆるプロト工業化地帯は、このような大きな川に沿っているものが多い。そのため、アルプス以北で河川に面したいくつもの地域で、可処分所得の上昇が生じることになった。

可処分所得の上昇は何をもたらしたのか

では、従来なら周辺ないし半周辺とされていた地域の可処分所得が上昇していったことは、どういう結果をもたらしたのか。

新世界から送られた植民地物産（砂糖・コーヒー・紅茶・染料などであるが、ここでは基本的に砂糖、ついでコーヒー）が、バルト海ないし北海沿岸から河川、さらには陸路を伝ってヨーロッパ大陸内部に輸送された。しかも、そのうちフランス領西インド諸島から輸送されるものがもっとも多かった。

たとえば砂糖は、フランス領サン・ドマング（現在のハイチ）からフランスのボルドーに送られ、さらにそこからエルベ川をのぼりハンブルクに輸送されて製糖所で完成品となり、ヨーロッパのあちこちに輸送されたのである。ハンブルクは、ヨーロッパでもっとも製糖業が進んだ都市であった。

商品は、需要と供給がなければ移動しない。北ヨーロッパから見れば、海運資材は需要が増大したために供給が増え、そのために余剰が生まれ、地域にもよるが、可処分所得が増大し、新世界からの砂糖とコーヒーの購入が増大したのである。

このような図式は、非合法貿易の場合も変わらない。密輸品はブラックマーケットに流れるが、ブラックマーケットにおいても需要と供給の法則に従うことは変わらない。もし余剰が生まれなければ人々の購買力は上昇せず、密輸品であったとしても、植民地物産を購入することは不可能であったからである。実際バルト海地方においては、十八世紀のあいだに、コーヒーと砂糖の輸入量は大きく増加した。

プロト工業化と産業革命の関係

プロト工業化が工業化過程の第一局面であり、イギリスの産業革命が第二局面だというメンデルスらが提示した見方は、現在ではもはや否定されていることはすでに述べた。プロト工業化は、イギリスの産業革命（工業化）を生み出しはしなかった。

しかしながら、ここに述べたように、プロト工業化とのちの工業化＝産業革命には直接的なつながりはなかったとしても、間接的な意味では関連していたこともまた事実である。

言い換えるなら、プロト工業化がなければ、大西洋経済の形成はなく、大西洋経済が形成されなければ、イギリス産業革命は発生しなかったということなのである。

イギリスの産業革命は、綿織物工業の発展によって生まれた。それは、新世界の植民地で栽培された綿花を利用できたからこそ、さらにいえば大西洋経済が形成されたからこそ可能になった。大西洋経済形成のためには、バルト海地方から輸入される海運資材が不可欠であった。

そして新世界で生産された砂糖は、栄養が不足気味のバルト海地方の（少なくとも一部の）人々に対し、重要なカロリー供給源となったのである。

こういった意味で、プロト工業化は工業化の第一局面を形成したのである。われわれは、この点にこそ注意を向けるべきではないだろうか。

メンデルス以降、プロト工業化の研究が進み、プロト工業化に分類可能な経済現象が世界のあちこちで発生したこともわかってきた。だからこそ、なぜヨーロッパで、とりわけイギリスで世界最初の工業化（産業革命）が生じたのかという問いに対して、ますます解答が出しにくくなっているように思われる。

しかし、もし私の提示した説が正しかったとすれば、解答を出すことは十分に可能である。イギリスは、バルト海地方から亜麻・麻・リネンなどの海運資材を輸入することで大西洋貿易に乗り出した。そして、カリブ海諸島で綿花を栽培し、それを本国に持ち帰り綿織物とするシステムを発展させたのだ。

ヨーロッパと世界の他地域との違い

ヨーロッパの工業化（産業革命）には大西洋経済の形成が不可欠だったのであり、ヨーロッパが大西洋に進出しなかったならば、他地域に先んじてヨーロッパで工業化がはじまることはなかった。それに対して、他の地域の農村工業の発展には、このようなダイナミズムがなかった。

たとえば中国でもプロト工業化のような現象が起こったが、それは中国経済の対外進出とは関係がなかった。そして可処分所得を上げ、砂糖などの食品の消費量が増え、人々の生活が大きく変わるというような効果は生み出されなかった。

さらに日本における江戸時代から明治時代にかけてのプロト工業化の発展は、日本の対外進出とは関係がなく、日本経済全体に与える影響は決して大きなものではなかった。それによって砂糖の消費が増え、人々の生活が豊かになるという性質のものでもなかった。

ヨーロッパ外からヨーロッパに輸入された商品は、物々交換される商品ではなく、市場で取引される商品であった。したがって、砂糖やコーヒーは、密輸はあったにせよ、基本的には市場で取引された。少なくとも、市場で取引される量は増加していった。また、イギリスで生産された綿商品も市場で取引された。

このようにして、ヨーロッパは、ヨーロッパ外世界からの消費財が多く出回る社会になっていった。それこそが豊かな社会であることの証拠であり、ヨーロッパ人は、多くの消費財を購入するために、市場での労働時間を増加させ、生活水準を上昇させたのである。このようなダイナミズムは、世界の他地域ではおそらく見られなかったであろう。

亜麻・麻・リネン・砂糖・コーヒー・綿・穀物という商品は、一見すると、何の関係もない商品のように思われるであろう。しかしながら、現実には、ここに述べたように、当時のヨーロッパ経済、さらには世界経済の変貌と大きくかかわっていたのである。

比較的最近までの経済史研究は生産に偏っており、物流の重要性を軽視した点に大きな問題点があったといえよう。

第十五章 アメリカの「海上のフロンティア」とは

イギリス航海法の傘から出たアメリカ合衆国

十八世紀中頃のアメリカ合衆国は、いわば「イギリス化」と称すべき状況が生じていた。イギリスの上流階級の生活スタイルの真似をし、紅茶を飲むなどの習慣を取り入れていたのである。大西洋の両側で、共通する文化圏が形成されつつあった。

その後、七年戦争（一七五六～一七六三年）によってイギリス政府は巨額の借金をし、その返済のための負担をアメリカ植民地に求めた。ところがアメリカは「代表なくして課税なし」、すなわち、本国に議員を送っていない以上、イギリス政府はアメリカ植民地に課税する権利がないと主張したのである。

現在の日本の歴史学界では、アメリカ側の発言が正しいと思われているが、イギリスとしては、自分たちが多額の戦費を支出し、フランスから保護した相手から反抗されたという意識があったはずである。それもまた、当然の見解である。

アメリカ独立戦争は、一七八三年のパリ条約によって正式に終了し、アメリカ合衆国の独立は、国際的に認められることになった。

植民地時代にはイギリスの法のもとで商業活動をしていたアメリカであったが、イギリスの傘がなくなり、独立した商業行為をおこなわなければならなくなる。独立戦争以前なら、アメリカ植民地はイギリス領であるため、イギリス本国に自分たちの船を送ることができた。独立後、イギリスの航海法体制下におかれなくなったアメリカ合衆国は、早くも経済的危機に直面することになった。

その経済的危機を、アメリカ合衆国はどのように乗り越えたのであろうか。

一般に、アメリカ合衆国の経済成長に、西部の開拓が大きく貢献したといわれることが多い。しかし同時に、アメリカは十八世紀末には、イギリスにつぐ世界第二位の船舶数を誇る海運国家となったのである。

アメリカ合衆国は、すでに植民地体制下で、造船業が発展していた。それが圧倒的にアメリカに有利な状況をもたらすことになった。

アメリカ合衆国の中立貿易

アメリカ合衆国にとって幸運だったのは、独立してからすぐ、フランス革命・ナポレオン戦争（一七八九〜一八一五年）が生じたことである。

地図20　ボルドーに到着するアメリカ船のルート 1791年（不明分、その他を合わせ全体で231隻）

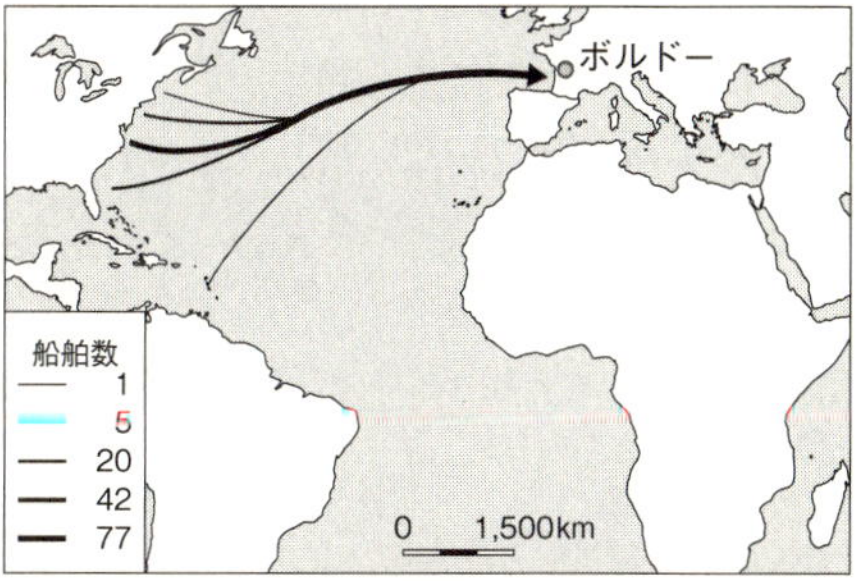

出典：Archives départementales de la Gironde（Bordeaux, Franxe）, 6B281.（Siliva Marzagalli, “American Shipping and Trade in Warface, or the Benefits of European Conflicts for Neutral Merchants: The exparience of the Revolutionary and Napoleonic wars, 1793-1815”,『京都産業大学経済学レビュー』創刊号、2014年、16頁をもとに作成）

アメリカ大陸には大量の海運資材があり、造船業の発展は容易であった。ヨーロッパ諸国がバルト海地方から海運資材を輸入していたこととは対照的である。さらに戦争の時代に中立政策をとることで、アメリカ合衆国の海運業は大きく伸びることになった。アメリカ合衆国の港としては、ニューヨーク、フィラデルフィア、ボストン、ボルティモアがあげられる。

　さらにアメリカ合衆国は、ボルドーとの海運を発展させた。とりわけ、一七九三年からはじまるフランス革命戦争で、それが顕著に見られた。

　地図20は、一七九一年のアメリカからボルドーへのルートを示す。これらは基本的に、アメリカ船のルートである。

　アメリカ船は、一七九一年の段階では、同国東海岸とボルドーとのあいだを航海

地図21　地中海におけるアメリカ領事館

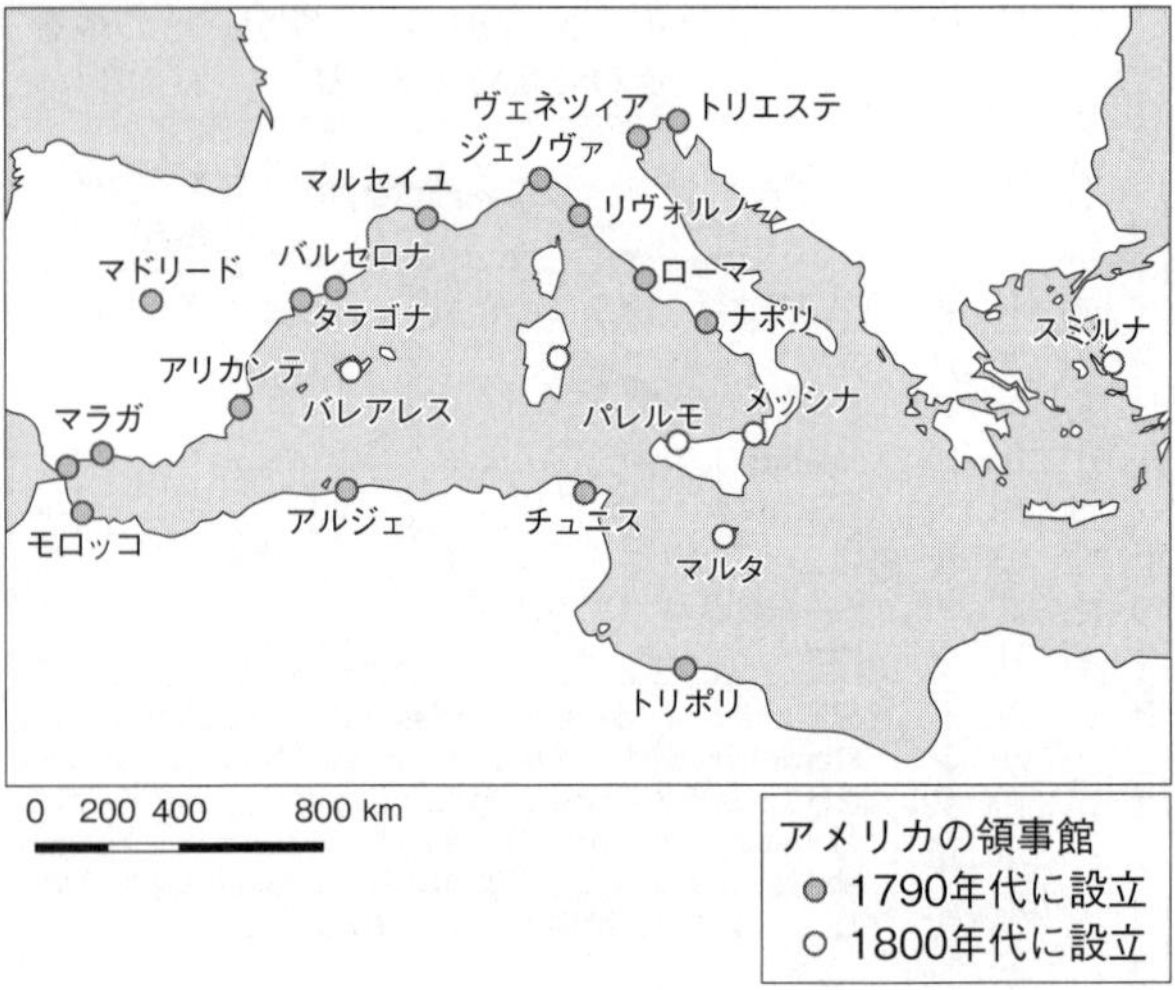

するだけであった。一七九三年になると、ボルドーから西インドへと船を送ることはなくなった。そして一七九三〜一八一五年においては、アメリカ以外で製造された商品を積載することが一般的になった。アメリカがボルドーから輸入した商品を東海岸にいったん持ち込み、最終市場へと再輸出されることが多くなったのである。アメリカ東海岸の港は、世界の倉庫となった。

　アメリカ船のボルドーへの到着船舶数は、一七九五年に三五一隻とピークを迎え、大陸封鎖令の影響で、一八〇九〜一八一四年には大きく下がるが、ボルドーへの来航数は一七九五〜一八一五年合計で二四一〇隻であり、年平均一一五隻程度であった。

さらに地中海においては、地図21に示されているように、領事館を設立し、スウェーデンやデンマークと同様、中立政策を利用して、貿易業を進展させたのである。しかも、ここにあげた地中海の港は互いに代替機能があり、ある港が使えなくなったとしても別の港を使えばよかった。だからこそヨーロッパは、戦時中にも商業活動を継続することができたのである。それをアメリカ合衆国は巧みに利用し、海運業を発展させた。フランス革命・ナポレオン戦争期にヨーロッパの物流が維持されたのは、アメリカ船のおかげでもあった。

アメリカの船主は、中立政策を最大限に利用した。商船の数はうなぎのぼりに上昇した。たとえば、南米大陸最南端にあるホーン岬に向かい、太平洋を横断して喜望峰をまわり、地中海とバルト海に到着することさえあった。

フランス革命・ナポレオン戦争期のヨーロッパ経済は、アメリカ合衆国の中立船がなければ、必要な物資や資材を入手できなかったかもしれない。大西洋とヨーロッパとの結合には、アメリカ船が大きく寄与したのである。

海上のフロンティア

このように、アメリカ合衆国には、陸上のみならず、海上のフロンティアがあったことは、いくら強調してもしすぎることはない。イギリスと比較すると規模としては劣るが、アメリカ合衆国は、世界中に船隊を送ったといえる。

一八二三年十二月、アメリカ合衆国大統領モンローが、「モンロー教書（宣言）」を発表した。これは、ウィーン体制下のヨーロッパ諸国の南北アメリカへの干渉を排除しようとしたものであり、一般に、アメリカ合衆国の孤立主義外交を宣言したものだとされる。

しかしこの教書は、アメリカ合衆国の南北アメリカにおける海運業保護政策を打ち出したものととらえることもできる。アメリカ合衆国は、イギリスについで世界第二位の海運国家であった。したがって、「モンロー教書（宣言）」によって、とくにイギリスの海運業を南北アメリカには進出させないという意思表示をしたとみなすこともできるのである。

一八六一年には、アメリカ合衆国で、南北戦争がはじまった。この戦争で、アメリカ合衆国が奴隷州と反奴隷州に分かれて戦ったことは周知の事実である。しかし、世界第二位の海運国家であったアメリカ合衆国が、奴隷州、反奴隷州を問わず、一八四〇年代から世界最大の砂糖生産地域となったスペイン領キューバで黒人奴隷が生産していた砂糖を輸送していたことも、紛れもない事実である。反奴隷州とは、あくまで奴隷を国内では使用しないということであって、国外で奴隷が生産した商品を輸送しないということではなかったのである。

スペイン領キューバの奴隷制は、一八八〇年まで廃止されなかった。この地で働く黒人奴隷がつくった砂糖の多くは、すでに奴隷制が廃止されていたアメリカ合衆国の船舶により輸送されていたのである。

アメリカ合衆国の経済成長は、海運業の発展と大きく結びついていたのである。それは、アメリカが物流を重視していたことの表れである。

第十六章 十九世紀、なぜ西欧とアジアの経済力に大差がついたのか

十九世紀、全世界の市場が統合された

十九世紀のグローバリゼーションを論じた『グローバリゼーションと歴史』を著したオルークとウィリアムソンによれば、さまざまな商品の価格が収斂《しゅうれん》していくという意味での世界の一体化は、一八二〇年代にはじまった。価格差がなくなるということは、輸送コストが大きく低下し、同じ商品であれば世界各地で同一の価格で売られるということである。

彼らの考えでは、十九世紀後半に、商品と生産要素（労働・土地・資本）の市場が、全世界で統合されたのである。世界市場と無関係な場所は、第一次世界大戦がはじまるときには、ほとんどなくなっていた。すなわち、世界経済が一体化したのである。

彼らの考えでは、グローバリゼーションの大きな要因は、貿易と大量の移民にあった。さらに彼らはいう。イギリスによる開放経済こそが、世界の一体化の原因で

あった、と。実質賃金の相違は、一八七三～一九一四年に世界中で大きく縮小した。

一八六九年にスエズ運河が開通し、ヨーロッパとアジアとの距離は大きく縮まった。帆船から蒸気船へと移動手段が変化し（そもそもスエズ運河は帆船では航行できない）、蒸気エンジンの改良など、輸送効率を上昇させる方法が導入された。その結果、リヴァプール（イギリス）―ボンベイ（インド）間の綿価格の価格格差は、一八五七年に五七パーセントであったのが、一九一三年には、三〇パーセントへと縮まった。

蒸気船や鉄道の発達により、輸送コストは著しく下がった。そのため、労働者が、簡単に世界を移動することができるようになった。鉄道は、後述する通り、一八九〇～一九一〇年に、急速に敷設キロ数を増やした。十九世紀は、蒸気船、鉄道に代表される「蒸気の時代」と言い換えることもできよう。

資本もまた、そのフローを増加させた。貧しい国に対して巨額の投資がなされた。

こういった社会では、物流は、そして人々の移動はどのように変化していったのだろうか。

表7　世界の主要地域の一人あたりGDP（1990年国際ドル）

	紀元1年	1000年	1500年	1820年	1870年	1913年
西欧	576	427	771	1,202	1,960	3,457
アジア	456	465	568	581	556	696
ラテンアメリカ	400	400	416	691	676	1,494
東欧と旧ソ連	406	400	498	686	941	1,558
アフリカ	472	482	416	421	500	637
世界	467	450	567	667	873	1,526

出典：アンガス・マディソン著、政治経済研究所訳『世界経済史概観　紀元1年-2030年』岩波書店、2015年、92頁、表2-1から作成。

十九世紀、ヨーロッパ経済はどれほど成長したか

アンガス・マディソン（一九二六～二〇一〇年）は、その生涯を世界経済の成長率を測定することに捧げ、この分野で驚くべき量の業績をあげた。ただし、彼の推計自体、稀少なデータから全体像を出そうとするものなので、あまり信憑性《しんぴょうせい》がないという指摘もなされている。たとえそうだとしても、長期にわたるデータとして、彼の研究以上のものはない。また、経済データが揃ってくる十九世紀以降のデータは、そのまま使っても問題がない精度であると考えられよう。十九世紀について比較するために作成したのが、表7である。

紀元一年から一五〇〇年までのデータは、

信頼度が低いであろう。しかし、十九世紀に世界各地で大きな差ができたことは間違いなかろう。アジアの場合、一五〇〇年と一八七〇年を比較すると、一人あたりのGDPは低下している。

西欧が他の地域よりも豊かになったのは十九世紀の現象であり、その一方で、アジアやアフリカの一九一三年の数値は、一八二〇年はむろんのこと、一五〇〇年と比較しても、あまり高くはないことは明らかである。しかし、それ以外の地域は、一八七〇年から一九一三年にかけての上昇率が目につく。

西欧の興隆は、十九世紀に起こり、その原因が工業化にあることは間違いあるまい。

鉄工業の飛躍をもたらした鉄道の発達

ヨーロッパ全体の工業化は、十八世紀後半のイギリス産業革命からはじまった。そして、ヨーロッパ大陸が本格的な工業化を遂げたのは、十九世紀になってからであった。

ヨーロッパの工業化においてきわめて大きな役割を果たしたのが鉄道である。鉄道は、人々や商品の移動を容易にしただけではなく、膨大に鉄を使ったので、鉄工業の発展にも大きく貢献した。これに加えて蒸気船の発達が、さらなる鉄の大量供給をもたらした。

鉄工業の発展については、角山栄が適確な分析をしているので、ここでは、それを紹介しながら論を展開したい（角山栄「世界資本主義形成の論理的構造」河野健二・飯沼二郎編『世界資本主義の歴史構造』岩波書店、一九七〇年）。

角山は、世界資本主義の発展段階を、綿業を中心とする段階（一七六〇～一八五〇年）、鉄工業を中心とする段階（一八五〇～一八七三年）、資本輸出を中心とする段階（一八七三～一九一三年）に分ける。

イギリスは、従来の綿製品の輸出に加えて、鉄製品を中心として飛躍的に経済を拡大した。たとえば、銑鉄《せんてつ》の輸出率は、一八五〇年の四四パーセントから、一八六九～一八七二年には六〇パーセントへと伸びた。

フランス鉄工業はイギリス鉄工業と比較して遅れていたが、一八五一年以降大きく発展し、一八七〇年には、シュネーデルが年間一三万トン以上の鋳鉄《ちゅうてつ》と一〇万トン以上の銑鉄を生産するヨーロッパ随一の巨大企業になった。

ドイツでは、ルール地方を中心に、大型高炉の使用により、鉄工業が急速に発展した。銑鉄生産は、一八六〇年に五二・九万トンだったのが、七二年には二〇〇万トンへと急増した。

スウェーデンは鉄の生産国だったので、自国の工業化用に十分な鉄が国内に存在した。

このような鉄工業の発展を後押ししたのが、鉄道の建設であった。世界の鉄道の総延長キロ数は、一八四七年に二万五一〇〇キロメートル、一八六七年に一五万七六〇〇キロメートル、一八八五年に四八万七〇〇〇キロメートル、一九〇五年には八八万六〇〇〇キロメートルに達した。

ヨーロッパ内部の鉄道建設は、一八五〇年からはフランスが、一八七〇年にはドイツがプロモーターとして台頭してきたので、イギリスはヨーロッパ外世界の鉄道を設置することになった。とりわけ大切だったのは、インドである。

インドの鉄道は、二十世紀を迎える頃には総延長四万キロメートルに達した。そのためインドの物流は大きく増加することになった。それはむろん、イギリスの富の増加に寄与した。

大きく改善された、ヨーロッパ人の食料事情

ヨーロッパ内部で鉄道網が発展したために、ヨーロッパの外からの食料が各地に陸揚げされると、鉄道によって消費地まで送られることになった。

ジャガイモはアンデス山脈の原産であり、十九世紀には、全ドイツに広まった。ドイツではとくに下層の人々によって食された。そのため、ドイツの下層の人々の

摂取カロリー数は上昇した。

さらに、砂糖の原料が、熱帯産のサトウキビからヨーロッパ産の甜菜《てんさい》に替わった。そのため砂糖生産量・消費量はヨーロッパ全体で大きく増え、ヨーロッパ人のカロリーベースは上昇し、栄養状態は大きく改善された。すでにヨーロッパに輸入されていたコーヒー、茶、ココアなどとともに、ヨーロッパ人の食卓を潤したのである。

さらに鉄道により、ヨーロッパ大陸を横断する時間が短縮された。ヨーロッパ世界は、それ自体一つの市場として機能するようになり、食料は、比較的すみやかに供給されるようになった。デヴィド・カービーは、その様子をこう描く。

工業化以前の時代、ヨーロッパの沿岸部以外で消費される新鮮な魚の大部分は、川と池、それに湖が供給していた。一八四三年の段階でも、エアフルトのようなドイツの内陸都市では、新鮮な海の魚の到着は、かなりの興奮を呼び起こすほど稀なことだった。ハンブルクが鉄道の開通を目前に控えていたことは、市場の狭隘《きようあい》さに悩んでいたヘリゴラントの水産業者やドイツ沿岸の漁業コミュニティにとって、おそらく救いとなったと思われる。鉄道の出現が、海で獲れた新鮮な魚を大量に素早くヨーロッパ内陸部の町や都市に運ぶことを可能にしたのである（デヴィド・カービー、メルヤ－リーサ・ヒンカネン著、玉木俊明他訳『ヨーロッパの北の海——北海・バルト海の歴史』刀水書房、二〇一一年、二一三ページ）。

ここからも明らかなように、鉄道によって、魚がまだ新鮮なうちに、ヨーロッパ大陸諸都市に運ばれたのである。そのために、ヨーロッパ人の食料事情は大きく改善された。それは、ヨーロッパの物流システムの改善により実現されたのだ。

大西洋を渡るヨーロッパの労働者

蒸気船が一般に使用されるようになると、ヨーロッパの貧しい人々にとって、大西洋を渡り、アメリカ大陸に行くことが現実味を帯びてきた。

アメリカは十五世紀末、突如としてヨーロッパ人に利用可能な資源を提供した。アメリカ大陸の存在がなければ、ヨーロッパは大西洋貿易を発展させることはできず、工業化もなく、アジアより貧しいままであったかもしれない。

アメリカ大陸には大量の天然資源があった。アメリカ合衆国は、ヨーロッパとは異なり、産業を発展させるために必要な天然資源は、ほぼ国内でまかなうことができた。その一方で人口は僅少《きんしょう》であった。したがって、人々の賃金は高くなる傾向があった。そのようなときに、蒸気船が利用されるようになったのである。

一八二〇年から一九一四年にかけ、おおむね六〇〇〇万人の人々が、ヨーロッパから世界へと渡った。十九世紀初頭は輸送費用が高く、自由な労働者の移動はまだ少なかった。そのため大陸間の移住は、奴隷が中心であった。一八二〇年代は、労働者の移動は一年間あたり一万五三八〇人にすぎなかった。それに対し奴隷輸送は、六万二二五〇人であった。

一八四〇年代には、自由な労働者の移動は、一年間あたり一七万八〇〇〇人と急激に伸びた。一八四六年から三十年間で、ヨーロッパの大陸間移民（新世界とはかぎらない）は、年平均で約三〇万人となった。

一八二〇年から一九四〇年にかけての国際的な労働力の移動は、ヨーロッパからアメリカ合衆国への移民が中心であった。

そもそも、移住するヨーロッパ人の賃金は低かった。ヨーロッパ外世界への移住があったので、アイルランド人、イタリア人、ノルウェー人の国内での賃金は、それぞれ三二パーセント、二八パーセント、一〇パーセント上昇した。そして一八七〇〜一九一〇年に、国際的な実質賃金の差異は、二八パーセント縮小した。新世界と旧世界の賃金格差は、この期間に一〇八パーセントから八五パーセントへと縮小した。

もし大量移民がなければ、賃金格差は一九一〇年の段階で一二八パーセントになったと推測されている。したがって、一八七〇～一九一〇年の実質賃金の格差縮小は、移民による貢献が大きかったと考えられる。

新世界に渡った移民の移動コストは、それ以前の新世界への移民が負担した。そのため、過去の移民が現在の移民を促進するシステムが形成された。研究者は、それを「チェーン・マイグレーション」と名づけている。

このように大量の移民が存在した以上、ヨーロッパの工業化による恩恵は、決してヨーロッパ人全員におよんだわけではないことがわかる。たとえば、イタリアはなお貧しく、なかでも南部はさらに貧しかった。

スカンディナヴィアも工業化を経験していたが、この地域の生活水準がヨーロッパ全体に匹敵あるいはそれ以上になるのは、二十世紀のことにすぎなかった。

したがって、工業化がヨーロッパをすぐに非常に豊かにしたと考えるのは間違いであろう。ヨーロッパはたしかに豊かになった。しかしその影響は、なおかぎられた範囲にとどまっていたというべきであろう。

また、アメリカ合衆国も工業化していたが、人口密度がヨーロッパよりも低かったので、労働者は不足しており、賃金はより高かったと推測されよう。

一方ヨーロッパは、低賃金の労働者をアメリカに追いやることで、ヨーロッパ内の労働者数を減らし、それにより労働者の賃金を上昇または維持することに成功したのである。

このようにヨーロッパとアメリカは、労働者の移住という点では、相互依存関係にあった。

オーストラリア、ニュージーランドへの移民——ガヴァネスの場合

イギリスにおいては、人々に尊敬される職業に就くことがきわめて大切であった。女性が就業できるその種の代表的職業に、ガヴァネス（住み込みの家庭教師）があった。ガヴァネスは、中流階級の女性が働いてもよい（軽蔑されない）数少ない職業の一つであった。

十九世紀中頃のイギリスで、ガヴァネスといえば、生活の資《し》をえるために教師として働くレディであった。ガヴァネスの数は、一八五一年のセンサスでは二万一〇〇〇人、一八六五年のセンサスでは二万五〇〇〇人であった。ガヴァネスの給料は高くはなく、ハウスキーパーと同程度であった。

ガヴァネスは、そもそも教師としての訓練を受けてはいなかった。さらに、子どもたちの衣類の繕《つくろ》いをしなければならないことも多かった。したがって、家庭教師兼メイドといっても過言ではない地位にあった。しかし重要なのは、彼女たちが社

会的には曲がりなりにもレディとして位置づけられていたことであり、階級社会のイギリスでレディとみなされる数少ない職業であったことである。

一八四八年から五三年にかけ、女子中等教育機関が新設されると、ガヴァネスの基準は上がり、基準に満たない者たちは国内ではガヴァネスになることが難しくなった。

そのため一八六〇年代には、植民地であるオーストラリアやニュージーランドでガヴァネスとして働く女性たちが見られるようになった。イギリス本国では、ガヴァネスになれない人々であった。イギリスでは帆船の時代は終わりを迎えつつあり、蒸気船がオーストラリアとニュージーランドにまで向かうようになっていた。本国で食いはぐれた人々が植民地に行くということは、十八世紀の北米植民地にはすでによく見られていた。十九世紀には、インドに渡って巨額の富をえた人が、ネイボッブ（インド成金）としてイギリスに帰国した。そして女性労働者の代表ともいえるガヴァネスは、オーストラリアとニュージーランドに渡ったのである。

グローバリゼーションによって、世界の物流が活発化し、ヨーロッパ人の生活水準は上がった。しかし、他地域との相違は広がった。マディソンが作成した表7（192ページ）を見るかぎり、一八二〇年から一九一三年にかけ、一人あたりのG

DPが大きく上昇したのは西欧であり、アジアとアフリカはその恩恵はあまり受けていない。

蒸気船と鉄道による物流の増加は、ヨーロッパ人に大きな恵みをもたらした。貧しかった人たちは主としてアメリカ大陸に移住した。イギリスの場合、オーストラリアやニュージーランドに向かったガヴァネスもいた。ヨーロッパ人の賃金が低下しないシステムが形成されていたのである。さらにヨーロッパ人は、グローバリゼーションによって物流システムが発展して世界各地から食料が入手できるようになり、その生活水準は上昇したのである。

第十七章 近代の歴史と物流

これまでは、太古から十九世紀に至る世界的な物流の発展について論じてきた。最終章である第十七章では、近世から現在に至る物流システムの発展について述べてみたい。

コロンブスの交換

歴史家がしばしば使う言葉に、「コロンブスの交換（Columbian Exchange）」というものがある。これは、クリストファー・コロンブスによるアメリカ大陸の発見後にはじまった、ヨーロッパ、アフリカ、アジア、アメリカ大陸間での植物、動物、食品、人口（含む奴隷）、病原体などの広範な交換を意味する。

いうまでもなく、この交換は、新旧世界間での文化や生態系に重大な影響を与えた。

新世界から旧世界へと移植されたものとして、トウモロコシ、ジャガイモ、トマト、タバコ、カカオなどがあり、ヨーロッパから新世界に移植されたものに、小麦、サトウキビ、米、コーヒーなどがある。

ヨーロッパから新世界に持ち込まれた病気（天然痘、麻疹《はしか》、インフルエンザなど）は、免疫のない先住民に甚大な被害をもたらし、新世界の人口は急激に、しかも大きく減少した。

先住民が急激に減少したこともあり、西アフリカから黒人奴隷が輸送された。彼らがサトウキビの栽培、砂糖の生産に従事した。

新世界の文明は、旧世界とは異なっていた。まず、大河の近くに文明が築かれたわけではない。むしろ新世界の文明は、高地に位置した。そのため新世界の栽培植物は、旧世界の栽培植物と大きく異なっていた。

しかも新世界は南北に長く、寒帯から熱帯まで、多数の気候区が存在する。そのため、新大陸では多様な栽培植物が誕生することになった。

大航海時代になると、ヨーロッパ諸国の船で新世界産品は世界中に運ばれることになり、それは長期的には世界の人々の生活水準の向上に貢献することになった。

現在、世界の栽培作物の六割は、アメリカの先住民が栽培していたものであった。新世界原産の野生種の植物がなければ、現在の世界の食事ははるかに多様性のないものになっていたはずである。

豊かになる世界輸送方法の発展

大航海時代には帆船で、十九世紀になると蒸気船が、さらにその後はディーゼル船やガスタービン船が使用された。世界は、急速に小さくなり、それを促進したのは、十八世紀から二十世紀半ばにかけては、イギリス船であった。イギリス船は植民地と宗主国の経済的関係を弱め、世界の物流を促進した。つまり世界中の商品が、世界中で売られるようになりはじめたのである。

たとえば一八八〇年には、イギリス領ジャマイカの最大の砂糖市場は、イギリスのロンドンやリヴァプールではなく、アメリカのシカゴとボストンとなっていた。またオランダの植民地のジャワ島から輸出されるココアの大半は、アメリカ人が消費した。

一人あたりコーヒー消費量が世界で一番多かったのはオランダであったが、世界一のコーヒー産出国はブラジルであった。

十九世紀にはグローバリゼーションが進み、世界の人々の消費は多様になり、世界のさまざまな地域で似た食品が見られるようになった。すでにこの時代に、世界的な規模でサプライチェーンが存在するようになっていたのだ。

穀物もまた、遠隔地から輸入されるようになった。一八三〇年には、ロンドンの小麦は約三九〇〇キロメートル離れた地域から輸入されていたが、一八七〇年になると、その距離はおよそ二倍になった。

大量の物資をどう輸送するのか　コンテナ荷の誕生

しかし、それだけでは大量の物資は輸送できない。十九世紀には、船に積載された商品はばら積みされており、スペースに無駄があったばかりか、船から荷降ろしをしたり、さらにまた船に載せるたびに莫大な時間がかかるという問題点があった。それを解決したのが、コンテナ船だったのである。

コンテナのようなものが、十九世紀から二〇世紀前半にかけてまったくなかったわけではないが、世界最初のコンテナ船の会社が誕生したのは一九五六年のことであった。そのため二〇世紀後半には貨物輸送量が大きく増加することになった。コンテナ荷は、世界の物流に革命的な影響をおよぼした。世界中でさまざまな商品が入手できるのは、コンテナ荷がどんどん使われるようになったからである。

船から陸に降ろされたコンテナ荷は、簡単に鉄道やトラックに載せることができた。それは、簡単にスーパーマーケットまで輸送され、人々が食すことができた。世界の味はまさに一体化したのである。

缶詰と瓶詰の発展

蒸気船やコンテナ船が発展しようとも、食品を長持ちさせる方法が発展しなければ、世界中にさまざまな食品を輸送することはできない。そのために必要だったものとして、缶詰と瓶詰の発明があった。

じつは乾燥させた棒鱈《ぼうだら》、燻製《くんせい》の鮭《さけ》、塩蔵《えんぞう》肉は、イギリス産業革命の頃にはすでに存在していた。しかし、新鮮な食材からえられた料理と比較するなら、それはかなり劣った味しか提供できなかった。美味な食事の提供により、人々は生活水準が上昇したと感じる。美味なる料理を提供するためには、生鮮品に匹敵するほどの新鮮味が必要とされた。遠隔地から輸送される美味なるものを保存することが、非常に重要なことになっていった。

缶詰や瓶詰という長期保存技術が開発されることになったのは、おそらくそのためである。缶詰は、一八〇四年にフランスの料理人ニコラ・アペールによって発明された。ナポレオンの軍隊のために、長期間保存可能な食品を提供しようとしたのである。一八一〇年には、イギリスのピーター・デュランドが、金属製容器に食品を入れる缶詰を発明し、これがこんにちまで続く缶詰の直接の起源になった。缶詰は軍用食として使用された、アメリカの南北戦争（一八六一〜一八六五年）で大いに利用されることになった。

ガラス瓶を使用した本格的な商業的な食品保存方法としては、一八五八年にアメリカの発明家ジョン・L・メイソンがメイソン瓶を発明したことが重要とされる。

これらの発明により、食品の長期保存が可能となったばかりか、食品の安全性と利便性が飛躍的に向上することになった。というのも、高温殺菌と真空密封の原理を採用していたからである。美味な食べ物が、世界で流通することになった。

第二次産業革命とうまみ調味料・食品添加物

食品を遠隔地に輸送するために、食品を長期保存する必要性があった。そのために発展したものが、食品添加物である。さらに、消費水準が上昇すると人々はより美味なものを欲しがるようになった。食品の味わいを豊かにするものに、うまみ調味料がある。これらは、じつはドイツやアメリカを中心とする第二次産業革命の所産なのである。

通常は産業革命というと、イギリスで発生した十八世紀後半の産業革命をいう。これは、カリブ海諸島で栽培された綿花をイギリス本国に輸送し、完成品の綿製品にするということを意味した。それは、イギリスがいくつもの植民地を有する帝国だったからこそ可能になった産業革命であった。

これは、植民地をあまりもたないドイツでは、しょせん不可能なことであった。ドイツで発達したのは重化学工業であり、とりわけ化学工業の発展が目立った。それは、イギリス（第一次）産業革命とは異なり、ドイツは、植民地を必要としない化学工業を発展させた。化学繊維は天然繊維よりもはるかに大量に生産することができるばかりか、栽培のための土地が不要である。それゆえ、人口増のために必要とされる土地をより多く提供することができる。

現代社会を創出したのは、第一次産業革命ではなく、十九世紀末にドイツやアメリカで生じた第二次産業革命であった。第一次産業革命で大きく変わった生産システムは、第二次産業革命でさらにドラスチックに変化した。しかし、自然の恵みをベースとする有機経済から、化石燃料の使用をベースとする無機経済へと転換したという点では、二つの産業革命は連続していたのである。

綿織物は軽工業なので、投下資本は少なくてすんだ。それに対し、重化学工業には多額の資本を投下する必要があった。そのためにドイツでは、銀行業が大きく発展することになった。そして忘れてはならないのは、現代世界は第一次産業革命ではなく、むしろ第二次産業革命の所産だということである。現代社会で使用されているうまみ調味料は、化学合成によって製造される食品添加物の一種なのである。現代社会で多種多様な食品が流通しているのは、食品添加物やその一種であるうま味調味料が使用されているからである。

第二次産業革命を経験したことにより、世界は食品の保存方法を発展させることができたのだ。

冷凍食品の増加

食料を保存するのは、なにも食品添加物だけではない。冷凍食品とは、冷凍にして保存される食料のことである。それに関連して、次のようなことがいわれている。

冷凍食品とは、品温を－《マイナス》十八度以下にして保存された食品をいう。食品を凍らしておくと、長い期間、安心して保存出来るという考え方は古くからあったが、これが科学的に立証され、消費者の嗜好にたえる食品として世に出たのは新しい。当初は品質的、価格的に問題も多かったが、今では良質な製品が、適正な価格で販売され、消費者の認識も高まり、食生活の改善、豊かさの実現に大きく寄与している（矢野信光「冷凍食品の歴史と展望」『調理科学』一九七七年）。

食べ物を冷凍するということは、氷河時代にまで遡《さかのぼ》っても不思議ではない。そもそも、放っておいても、食品は凍るからだ。これはいわば、天然の冷凍食品である。

「冷凍食品」の発明者は、フランス人のC・テリエ（一八二八～一九一三年）だったと思われる。一八七六年に、彼は牛肉をアルゼンチン―フランス間の輸送に成功した。テリエらは、蒸発した冷媒を揮散《きさん》させずに回収し、再度圧縮して液化し、密閉した装置の中を循環利用したのである。

十九世紀後半には、製氷を目的とした冷凍装置が開発された。人工氷が出現したのだ。わずかな天然氷を使用して食材を冷却した小規模な利用エリアだったのを、より大規模に拡大し、都市の食料を保管し、かつ広範囲に供給することができるようになった。

一九二三年には、クラレンス・ハードアイが、最初の冷凍食品会社、ゼネラル・シーフーズ・カンパニーを創設し、四年後の一九二七年には、一六〇万ポンドのシーフードを冷却した。一九一九年、新会社バーズ・アイ社は、肉、魚、ベリー類、エンドウ豆、ホウレンソウなど二種類の食品を冷凍保存することに成功した。

冷凍食品を多くの人々が消費できるようになったのは、第二次世界大戦後のことであった。それから十年もたたないうちに、冷凍食品はアメリカで五〇〇億ドル、世界で三〇〇〇億ドルの巨大産業へと成長した。それは、アメリカにおいて、一九四〇年代から一九五〇年代にかけて大型のスーパーマーケットが急増したことと同時期に生じた。

スーパーマーケットの成長と冷凍・冷蔵技術の進歩にともない、冷凍食品は一九五〇年代までにアメリカの食生活に欠くことができない構成要素になった。その影響は、やがてヨーロッパや日本にまでおよんだ。

POSシステムの発展

サプライチェーンが世界全体を覆うようになった。サプライチェーンは、基本的に卸売を発展させた。だが、消費者は小売店から食品を購入する。輸送システムが変化したため、小売店の販売管理システムが革命的な進展を遂げることになった。POSシステムがそのために重要である。

POSシステムとは、「Point of Sale」の略で、販売時点情報管理システムのことである。小売店やレストランなどで、商品やサービスの販売時に利用されるシステムで、売上の記録、在庫管理、顧客管理などを一元的におこなうことができる。

読者はスーパーマーケットや書店で買い物をしたとき、バーコードでピッとスキャンされるのを覚えておられよう。そのときに価格が自動的に計算され、販売データが記録されるのである。POS端末には支払い処理機能も備わっており、クレジットカードや電子マネーによる支払いをスムーズに処理することもできるのだ。

このPOSシステムは、コンビニエンスストアの経営で非常に重要な役割を果たしている。ご存知の方も多いと思うが、日本のコンビニエンスストアでは、一日に数回商品が入れ替えられる。それは、POSシステムが提供するリアルタイムの販売データと在庫管理機能によって、どの商品がどれだけ売れているのかを知ることができるからである。

POSシステムを使えば、どの商品がよく売れるか、どの時間帯に売れるかなど、消費者の購買傾向を予測できる。そのデータをもとに、コンビニエンスストアは朝、昼、夕方といった時間帯によって、陳列する商品を変更する。そのために、商品を積載したトラックがGPSを使用し、最適な経路で店舗に到着するようになっている。

このようなデータを用いるなら、売れ筋の商品がわかるだけでなく、売れ残りを最小限にすることができる、すぐれた在庫調整機能を有していることになる。在庫が多ければ食品ロスにつながり、倉庫費用もかさむわけだが、そのリスクを最小限にすることができる。このようにすることで、コンビニエンスストアは利益の最大化を目指すのである。

コンビニエンスストアだけでなく、チェーンストアのように同一の商品を大量に販売する小売店では、一貫した品質と味を保つことが必要になる。そのために欠かせないのが、うまみ調味料である。うまみ調味料のおかげで冷凍食品と同様、食品の賞味期限を長くすることが可能となった（それに加えて、食品添加物があげられる）。

ＰＯＳシステムは、食品がある程度の期間確実に保存されているからこそ利用できるのだ。グローバルなサプライチェーンを支え、消費者に多様な食品を提供するものの一つに、ＰＯＳシステムがあるといえよう。

物流発展の成果を利用するわれわれ

遠い外国から日本の消費者にまで食料が届くのは、船舶が大型化し、たくさんの食品がコンテナ船で運ばれ、それが鉄道やトラックなどに積み替えられ、スーパーマーケットやコンビニエンスストアなどを通じて、家庭まで届けられるからである。冷凍食品、食品添加物などが、そのために必要とされる。こういうシステムがあるからこそ、現在八〇億人以上の人類が、地球という惑星で生存することができるのである。

グローバリゼーションの開始をいつの時代に求めるかにもよるが、われわれが現在経験しているグローバリゼーションは、おそらく大航海時代に起源を有し、ヨーロッパ人、とりわけイギリス人が世界中に商品を輸送し、その影響が現在まで続いているということなのである。

たしかに、気候の相違によって栽培される作物は異なる。しかしわれわれは、世界のどんな地域の食品も日本にいて味わうことができる社会を形成することに成功した。

その連鎖は、きわめて精巧にできており、連鎖全体を把握している人はいないだろう。連鎖とは、煎じ詰めれば物流ネットワークがこれまでになく発展したからこそ成り立っているのであり、それは、過去数千年にわたる物流の進化の所産である。

われわれは、その成果を利用して豊かな生活を営むことができているのだ。

おわりに

本書の新書版を出版してからすでに六年の歳月が流れた。それから現在まででもっとも大きな出来事といえば、コロナ禍ではなかったかと思う。コロナ禍は、世界を大きく変えた。私が働いている教育業界でいうなら、オンライン・オンデマンドの授業が一般化し、会議も研究会もオンラインないしハイブリッドが当然のことになった。コロナ禍の前には思いもしなかった状況がもたらされたことは、疑いようのない事実である。

コロナ禍は、世界がまさに一体化したからこそ生じた現象であった。これまでの世界史では何度も疫病が発生してきたが、それは人々の行き来が活発化し、取引される商品の量が増えたからである。いうまでもなく、物流が盛んになったことが、疫病が蔓延《まんえん》する大きな要因であった。グローバリゼーションが進めば進むほど、パンデミックが生じる可能性は高まる。したがって本書と表裏一体の関係にあるものとして、疫病の歴史が考えられよう。

今回のコロナ禍は、それまでのパンデミックと大きく異なる点があった。すなわちこれ以前には、人とモノとの流れは一体であったのが、分離するようになったことである。

このように表現してもわかりにくいと思われるので、もっと具体的に述べてみよう。

商品は、まず間違いなく人間によって運ばれる。そのためヒトとモノの動きは常に一体となっていた。会議があると、人々は遠方からはるばる会議の場所まで移動しなければならなかった。

だが現在では、オンラインの会議は当たり前である。私の勤務校の京都産業大学にもその傾向はあてはまる。また学会ないし研究会では、ハイブリッドが当然の前提とされるようになった。何もわざわざ北海道から東京まで来る必要はない。それぱかりか、海外の研究者がＺｏｏｍを使って日本人のために発表してくれるようになった。われわれはいながらにして、最先端の情報に触れることができるのだ。たしかに世界の旅行者の数は復活してきたが、ビジネスのために移動する必要性が大きく減少する社会の出現に、われわれは立ち会っていると考えられるのである。

その一方で、商品の流れはますます活発になっている。サプライチェーンの数が増加し、世界中の商品を瞬く間に入手することができる。アマゾンで画面をクリックしたなら、当日に商品が到着することもあるし、地球の裏側からでも、あまり時間がかからずに注文した商品を入手することができるようになっている。世界は本当に狭くなった。私は本書で、世界がどのようにして狭くなったのかを、物流を中心に語ったつもりである。

本書の執筆にあたり、前著『物流は世界史をどう変えたのか』（ＰＨＰ新書、二〇一八年）に加筆修正を加えた。第十七章は全面的に書き加えた。
最後になるが、本書の執筆を提案され、さまざまな提案をしてくださったＰＨＰ研究所の松本一希さんに感謝する。

二〇二四年十一月　沖縄県名護市にて

玉木俊明

著者紹介
玉木俊明（たまき　としあき）
京都産業大学経済学部教授。大阪市生まれ。1987年同志社大学文学部文化学科卒。93年同大学院博士課程単位取得退学。96年京都産業大学経済学部講師、2000年助教授、07年教授。09年『北方ヨーロッパの商業と経済 1550-1815年』（知泉書館）で大阪大学博士（文学）。
著書に『近代ヨーロッパの誕生』『海洋帝国興隆史』（以上、講談社選書メチエ）、『ヨーロッパ覇権史』（ちくま新書）、『先生も知らない世界史』（日経プレミアシリーズ）など。

写真提供：ユニフォトプレス
（p49、p59、p60、p71、p84）

本書は、2018年１月にＰＨＰ研究所から刊行された『物流は世界史をどう変えたのか』（ＰＨＰ新書）を改題し、加筆・修正したものである。

PHP文庫　物流で世界史を読み解く
交易、移民問題から食文化の革新まで

2025年2月17日　第1版第1刷

著者　玉木俊明
発行者　永田貴之
発行所　株式会社ＰＨＰ研究所
東京本部　〒135-8137　江東区豊洲5-6-52
ビジネス・教養出版部　☎03-3520-9617(編集)
普及部　☎03-3520-9630(販売)
京都本部　〒601-8411　京都市南区西九条北ノ内町11

PHP INTERFACE　https://www.php.co.jp/

組版　株式会社PHPエディターズ・グループ
印刷所
製本所　TOPPANクロレ株式会社

ISBN978-4-569-90468-9

PHP文庫

[新訳]ガリア戦記

ユリウス・カエサル 著／中倉玄喜 訳

稀代の英雄・カエサルが綴った壮大な遠征の物語。簡潔かつ独特の文体で世界史上最も有名な戦記が、新訳・解説付き文庫版で蘇る！

PHP文庫

教養としての「世界史」の読み方

本村凌二 著

混迷の現代を読み解くヒントは、人類の経験の集大成である「歴史」にある。「古代ローマ史」第一人者による、はじめての世界史講義。

PHP文庫

奇書の世界史

三崎律日 著

かつての名著が現代では、トンデモ本か、悪書か。〝数奇〟な運命をたどった〝書物〟を一挙紹介。動画サイトの大人気番組を文庫化。